悦·读·文·库

幸好摩西婆婆没去养鸡

智·慧·篇

李兴海 主编

江西教育出版社
JIANGXI EDUCATION PUBLISHING HOUSE
·南昌·

图书在版编目(CIP)数据

幸好摩西婆婆没去养鸡 / 李兴海主编 . -- 南昌 : 江西教育出版社 , 2022.7

(悦读文库)

ISBN 978-7-5705-2988-9

Ⅰ . ①幸… Ⅱ . ①李… Ⅲ . ①人生哲学 – 青少年读物 Ⅳ . ① B821-49

中国版本图书馆 CIP 数据核字 (2022) 第 025738 号

幸好摩西婆婆没去养鸡

XINGHAO MOXI POPO MEI QU YANGJI

李兴海　主编

出 品 人：熊　炽

策　　划：李永山

责任编辑：徐　蔚

责任印制：朱贤民

封面设计：仙　境

江西教育出版社出版（南昌市抚河北路 291 号）

各地新华书店经销

南昌市印刷十二厂有限公司印刷

开本 880 毫米 × 1230 毫米　1/32　印张 6　字数 69 千字

2022 年 7 月第 1 版　2022 年 7 月第 1 次印刷

ISBN 978-7-5705-2988-9

定价：20.00 元

赣教版图书如有印装质量问题，请向我社调换　电话：0791-86710427

投稿邮箱：JXJYCBS@163.com　电话：0791-86705643

网址：http://www.jxeph.com

赣版权登字 -02-2022-152

目　录

第一辑　人生如梯

第二辑　一窗一世界

第三辑 稻草与大树

第一辑　人生如梯

一个人要达到较高的高度，就得让自己人生的梯子的两根侧木更长一些，更粗壮一些。

给青年的十二封信（两篇）

朱光潜

谈　动

朋友：

从屡次来信看，你的心境近来似乎很不宁静。烦恼究竟是一种暮气，是一种病态，你还是一个十八九岁的青年，就这样颓唐沮丧，我实在替你担忧。

一般人欢喜谈玄，你说烦恼，他便从“哲学辞典”里拖出“厌世主义”“悲观哲学”等等堂哉皇哉的字样来叙你的病由。我不知道你感觉如何？我自己从前仿佛也尝过烦恼的况味，我只觉得忧来无方，不但人莫之知，连我自己也莫名其妙，哪里有所谓哲学与人生观！

我也些微领过哲学家的教训：在心气和平时，我景仰希腊廊下派哲学者，相信人生当皈依自然，不当存有嗔喜贪恋；我景仰托尔斯泰，相信人生之美在宥与爱；我景仰白朗宁，相信世间有丑才能有美，不完全乃真完全；然而外感偶来，心波立涌，拿天大的哲学，也抵挡不住。这固然是由于缺乏修养，但是青年们有几个修养到“不动心”的地步呢？从前长辈们往往拿“应该不应该”的大道理向我说法。他们说，像我这样一个青年应该活泼泼的，不应该暮气沉沉的，应该努力做学问，不应该把自己的忧乐放在心头。谢谢罢，请留着这副“应该”的方剂，将来患烦恼的人还多呢！

朋友，我们都不过是自然的奴隶，要征服自然，只得服从自然。违反自然，烦恼才乘虚而入，要排解烦闷，也须得使你的自然冲动有机会发泄。人生来好动，好发展，好创造。能动，能发展，能创造，便是顺从自然，便能享受快乐，不动，不发展，不创造，便是摧残生机，便不免感觉烦恼。这种事实在流行语中就可以见出，我们感觉快乐时说“舒畅”，不感觉快乐时说“抑郁”。这两个字样可以用作形容词，也可以用作动词。用作形容词时，它们描写快或不快的状态；用作动词时，我们可以说它们说明快或不快的原因。

你感觉烦恼，因为你的生机被抑郁；你要想快乐，须得使你的生机能舒畅，能宣泄。流行语中又有“闲愁”的字样，闲人大半易于发愁，就因为闲时生机静止而不舒畅。青年人比老年人易于发愁些，因为青年人的生机比较强旺。小孩子们的生机也很强旺，然而不知道愁苦，因为他们时时刻刻的游戏，所以他们的生机不至于被抑郁。

小孩子们偶尔不很乐意，便放声大哭，哭过了气就消去。成人们感觉烦恼时也还要拘礼节，哪能由你放声大哭呢？吃黄连苦在心头，所以愈觉其苦。歌德少时因失恋而想自杀，幸而他的文机动了，埋头两礼拜著成一部《维特之烦恼》，书成了，他的气也泄了，自杀的念头也打消了。你发愁时并不一定要著书，你就读几篇哀歌，听一幕悲剧，借酒浇愁，也可以大畅胸怀。从前我很疑惑何以剧情愈悲而读之愈觉其快意，近来才悟得这个泄与郁的道理。

总之，愁生于郁，解愁的方法在泄；郁由于

静止，求泄的方法在动。从前儒家讲心性的话，从近代心理学眼光看，都很粗疏，只有孟子的“尽性”一个主张，含义非常深广。一切道德学说都不免肤浅，如果不从“尽性”的基点出发。如果把“尽性”两字懂得透彻，我以为生活目的在此，生活方法也就在此。人性固然是复杂的，可是人是动物，基本性不外乎动。从动的中间我们可以寻出无限快慰。这个道理我可以拿两件小事来印证：从前我住在家里，自己的书房总欢喜自己打扫。每看到书籍零乱，灰尘满地，你亲自去洒扫一过，霎时间混浊的世界变成明窗净几，此时悠然就座，游目骋怀，乃觉有不可言喻的快慰；再比方你自己是欢喜打网球的，当你起劲打球时，你还记得天地间有所谓烦恼么？

你大约记得晋人陶士行的故事。他老来罢官闲居，找不得事做，便去搬砖。晨间把一百块砖由斋里搬到斋外，暮间把一百块砖由斋外搬到斋里。人问其故，他说："吾方致力中原，过尔优逸，恐不堪事。"他又尝对人说："大禹圣人，乃惜寸阴，至于众人，当惜分阴。"其实惜阴何必定要搬砖，不过他老先生还很茁壮，借这个玩艺儿多活动活动，免得抑郁无聊罢了。

朋友，闲愁最苦！愁来愁去，人生还是那么样一个人生，世界也还是那么样一个世界。假如把自己看得伟大，你对于烦恼，当有"不屑"的看待；假如把自己看得渺小，你对于烦恼当有"不值得"的看待；我劝你多打网球，多弹钢琴，多栽花，多搬砖弄瓦。假如你不欢喜这些玩艺儿，你就谈谈笑笑，跑跑跳跳，也是好的。就在此祝你

谈谈笑笑，

跑跑跳跳！

你的朋友，光潜。

谈　静

朋友：

前信谈动，只说出一面真理。人生乐趣一半得之于活动，也还有一半得之于感受。所谓“感受”是被动的，是容许自然界事物感动我的感官和心灵。这两个字涵义极广。眼见颜色，耳闻声音，是感受；见颜色而知其美，闻声音而知其和，也是感受。同一美颜，同一和声，而各个人所见到的美与和的程度又随天资境遇而不同。比方路边有一棵苍松，你看见它只觉得可以砍来造船；我见到它可以让人纳凉；旁人也许说它很宜于入画，或者说它是高风亮节的象征。再比方街上有一个乞丐，我只能见到他的蓬头垢面，觉得他很讨厌；你见他便发慈悲心，给他一个铜子；旁人见到他也许立刻发下宏愿，要打翻社会制度。

这几个人反应不同，都由于感受力有强有弱。

世间天才之所以为天才，固然由于具有伟大的创造力，而他的感受力也分外比一般人强烈。比方诗人和美术家，你见不到的东西他能见到，你闻不到的东西他能闻到。麻木不仁的人就不然，你就请伯牙向他弹琴，他也只联想到棉匠弹棉花。感受也可以说是“领略”，不过领略只是感受的一方面。世界上最快活的人不仅是最活动的人，也是最能领略的人。所谓领略，就是能在生活中寻出趣味。好比喝茶，渴汉只管满口吞咽，会喝茶的人却一口一口的细啜，能领略其中风味。

能处处领略到趣味的人决不至于岑寂，也决不至于烦闷。朱子有一首诗说：“半亩方塘一鉴开，天光云影共徘徊，问渠那得清如许？为有源头活水来。”这是一种绝美的境界。你姑且闭目一思索，把这幅图画印在脑里，然后假想这半亩方塘便是你自己的心，你看这首诗比拟人生苦乐多么惬当！一般人的生活干燥，只是因为他们的“半亩方塘”中没有天光云影，没有源头活水来，这源头活水便是领略得的趣味。

领略趣味的能力固然一半由于天资，一半也由于修养。大约静中比较容易见出趣味。物理上有一条定律说：两物不能同时并存于同一空间。这个定律在心理方面也可以说得通。一般人不能感受趣味，大半因为心地太忙，不空所以不灵。我所谓“静”，便是指心界的空灵，不是指物界的沉寂，物界永远不沉寂的。你的心境愈空灵，你愈不觉得物界沉寂，或者我还可以进一步说，你的心界愈空灵，你也愈不觉得物界喧嘈。所以习静并不必定要逃空谷，也不必定学佛家静坐参禅。静与闲也不同。许多闲人不必都能领略静中趣味，而能领略静中趣味的人，也不必定要闲。

在百忙中，在麈市喧嚷中，你偶然间丢开一切，悠然遐想，你心中便蓦然似有一道灵光闪烁，无穷妙悟便源源而来。这就是忙中静趣。

我这番话都是替两句人人知道的诗下注脚。这两句诗就是“万物静观皆自得，四时佳兴与人同。”大约诗人的领略力比一般人都要大。近来看周作人的《雨天的书》引日本人小林一茶的一首俳句：

> 不要打哪，苍蝇搓他的手，搓他的脚呢。

觉得这种情境真是幽美。你懂得这一句诗就懂得我所谓静趣。中国诗人到这种境界的也很多。现在姑且就一时所想到的写几句给你看：

> 鱼戏莲叶东，鱼戏莲叶西，
> 鱼戏莲叶南，鱼戏莲叶北。
>
> ——古诗，作者姓名佚

山涤余霭，宇暖微霄。
有风自南，翼彼新苗。
——陶渊明《时运》（其一）

采菊东篱下，悠然见南山。
山气日夕佳，飞鸟相与还。
——陶渊明《饮酒》（其五）

目送飘鸿，手挥五弦。
俯仰自得，游心太玄。
——嵇叔夜《送秀才从军》

倚杖柴门外，临风听暮蝉。
渡头余落日，墟里上孤烟。
——王摩诘《赠裴迪》

像这一类描写静趣的诗，唐人五言绝句中最多。你只要仔细玩味，你便可以见到这个宇宙又有一种景象，为你平时所未见到的。梁任公的《饮冰室文集》里有一篇谈“烟士披里纯”，詹姆士的《与教员学生谈话》(James: *Talks To Teachers and Students*) 里面有三篇谈人生观，关于静趣都说得很透辟。可惜此时这两部书都不在手边，不能录几段出来给你看。你最好自己到图书馆里去查阅。詹姆士的《与教员学生谈话》那三篇文章（最后三篇）尤其值得一读，记得我从前读这三篇文章，很受他感动。

静的修养不仅是可以使你领略趣味，对于求学处事都有极大帮助。释迦牟尼在菩提树阴静坐而证道的故事，你是知道的。古今许多伟大人物常能在仓皇扰乱中雍容应付事变，丝毫不觉张皇，就因为能镇静。现代生活忙碌，而青年人又多浮躁。你站在这潮流里，自然也难免跟着旁人乱嚷。不过忙里偶然偷闲，闹中偶然习静，于身于心，都有极大裨益。你多在静中领略些趣味，不特你自己受用，就是你的朋友们看着你也快慰些。我生平不怕呆人，也不怕聪明过度的人，只是对着没有趣味的人，要勉强同他说应酬话，真是觉得苦也。你对着有趣味的人，你并不必多谈话，只是默然相对，心领神会，便可觉得朋友中间的无上至乐。你有时大概也发生同样感想罢？

眠食诸希珍重！

你的朋友，光潜。

一静一动皆是人生哲学。在人生中，我们不仅要学会用动来摆脱愁绪，也要学会用静来体悟人生。

大　回

冯骥才

大回姓回，人高马大，手大脚大嘴大耳朵大，人叫他大回。叫惯了大回，反倒没人知道他的名字。

大回是能人，专攻垂钓。手里一根竹竿子，就是钓鱼竿；一个使针敲成的钩，就是鱼钩；一根衲鞋底子用的上了蜡的细线绳，就是鱼线；还有一片鸽子的羽毛拴在线绳上，就是鱼漂。只凭这几样再普通不过的东西。他蹲在坑边，顶多七天，能把坑里几千条鱼钓光了。连鱼秧子也逃不掉。

甭管水里的鱼多杂，他想要哪种鱼就专上哪种鱼；他还能钓完公鱼钓母鱼，一对对地往上钓。他钓的大鱼比他还沉，钓的小鱼比鱼钩还小。

人说钓鱼凭的是运气，他凭的全是能耐。

钓鲫鱼用的红虫子，又小又细，好赛线头，而且只有一层薄皮儿，里边一兜儿血红的水。要想把鱼钩穿进去，那可不易；弄不好钩尖一斜，一股红水出来，单剩下一层皮儿了。可人家大回把红虫子全放在嘴里，在腮帮子那里存着。用的时候，手指捏着鱼钩，张开嘴把钩往里边一挂，保管把那小红虫漂漂亮亮穿在鱼钩上。就这手活儿，谁会？

他无论钓什么都有绝法，比方钓王八。

钓鱼时钩到王八，都是竿儿弯，线不动，很容易疑惑是钩上了水下边的石块。心里急，一使劲，线断了！大回不急，稳稳绷住。停了会儿，见线一走，认准那是王八在爬，就更不急着提竿。尤其大王八，被鱼钩钩住之后，便用两只前爪子抓住水草。假若用力提竿，竿不折线断。每到这时候，大回便从腰间摸出一个铜环，从鱼竿的底把套进去，穿过鱼竿一松手，铜环便顺着鱼线溜下去。水底下的王八正吃着劲儿，忽见一个锃亮的东西直朝自己的脑袋飞来，不知是嘛，扬起前爪子一挡，这便松开下边的草。嘿，就势把它舒舒服服地提上来！

这招这法，还在哪儿见过？

天津卫人过年有个风俗，便是放生。就是把一条活鲤鱼放到河里去。为的是行善，求好报。放鱼时，要在鱼的背鳍上拴一根红绳，做个记号。倘若第二年把这鱼打上来，就再拴一根红绳。第三年照样还拴一根。据说这种背上拴着三根红绳的鲤鱼，放到河里，可以跳龙门。一切人间的福禄寿财，就全招来了。

可是鲤鱼到处有，拴红绳的鱼无处弄到。鱼要是给鱼钩钩过一次，就变得又灵又贼。拴一根红绳的鲤鱼在鱼市上偶尔还能看见，拴二根红绳的鲤鱼看不见，拴三根红绳的连撒网打鱼的也没瞧见过。你想花大价钱买，他会笑着说："你有本事把河淘干了，我就有本事把它弄上来。"

怎么办？找大回。天津卫八大家都是一进腊月，就跟大回定这种三根红绳的鲤鱼了。

大回站在河边，看好鱼道。鱼道就是鱼在水里常走的路。大回有双神眼，能一眼看到水里。他瞧准鲤鱼常呆的地界，把一个面团扔下去。这面团比栗子大，小鱼吃不进嘴，大鱼一口一个。

但这面团里边决不下钩，纯粹是扔到河里喂鱼，一天扔一个。开头，那贼乎乎的大鱼冒着危险试着吃，一吃没事，第二天再来一个，胆儿便渐渐大起来，最后见了面团张嘴就吞。半个月二十天后，大回心想差不多了，用鱼钩钩个面团扔下去。错不了——一条拴红绳的大鲤鱼就结结实实绷住了。

可是这法子最多只能钓到拴两根红绳的鲤鱼。三根红绳的鲤鱼决不上钩。这三根绳的鲤鱼已经给钓到三次，就是吃屎也不敢再吃面团了。使嘛法子？就用小孩的巴巴做鱼食！大回不是把鱼琢磨透了？

南门外那些水坑，哪个坑里有嘛鱼，哪个坑里鱼的大小，哪个坑的鱼有多少条，他心里全一清二楚。他能把坑里的鱼全钓绝了，但他也决不把任何一个坑里的鱼钓绝了。钓绝了，他玩嘛？故而，小鱼不钓，等它长大，母鱼不钓，等它溯子。远近钓者都称他“鱼绝后”，这可不是骂他，是夸他。

这外号并不好——

民国三年，夏至后转一天。大回钓一天鱼，

人困力乏。多半辈子，整天站在坑边河边，风吹日晒，身子里的油耗得差不多了。他在鼓楼北的聚合成饭庄，吃饱肚子喝足酒，提着一篓子鱼摇摇晃晃回家。走不动就靠墙睡会儿。他家在北城根，这一段路不近，他走走停停直到午夜，迷迷糊糊就趴在大街上了。这时街上走过来一辆拉东西的马车，赶车人在车上睡着了。但就是醒着也瞧不见他——凑巧这段路的几盏街灯给风吹灭了。这真是该活死不了，该死活不了。马车从他身上轧过去时，车夫那老家伙睡得太死，居然也没觉出来。转天天亮才叫人发现，大回给车轧成一个片儿了，赛张纸似的贴在地面上。奇怪的是，人轧瘪了，鱼篓子却没轧着，里边的鱼还都活着。等巡警一追查，更奇怪的是，那车上拉的东西，竟然是一车鱼！这事叫人听了一怔一惊，脖子后边冒出凉气来。

有人说，这事坏就坏在他那个外号上了，“鱼绝后”就是叫“鱼”把他“绝后”了。但也有人说，这是上天的报应，他一辈子钓的鱼实在太多了，龙王爷叫他去以命抵命。可事情传到东城里的文人裴文锦——裴五爷那里，人家念书的人说的话就另一个味儿了。人家说：

“能人全都死在能耐上。”

再丰富的资源总有枯竭的一日。发展不应以破坏式的掠夺为手段，否则对自然过度地开发，人们终究会葬身于自己的“能耐”。

人生如梯

段奇清

清代潘耒有诗云："梯空一万重，拔地九千丈。"天空原来是"梯空"，就像梯子一级一级垒上去似的。说到梯子，不免想到儿时祖母经常跟我讲的一则有关天地的传说。

祖母的传说是，远古时天与地相互离得很近很近，地上的凡人可以从天上的树上采下花或果填饱肚子，因此空余时间有的是。闲着的人常常会架着梯子上到天庭，天上的神仙大多爱下棋，凡人上去后就在旁边看。观棋的时候免不了多嘴多舌，惹神仙心烦。于是神仙将天庭升高，凡人梯短莫及。为了防备凡人从高山上爬上去，他们将天一次升一重，直至升到九重。从此，凡人便只能在地上忙忙碌碌地过日子了，梯子也只能用于人间。凡人再不能凭借梯子到神仙那儿了，但也依然有人会向往神仙的生活。这虽然只是一个传说，但人们受到了梯子的启发，让自己尽可能具有高尚的情操和精神境界，并将此归纳为“人生如梯”。

人生如梯，是说人生如同梯子一样有两根侧木，一根是“才”，一根是“德”。德者才之帅，才者德之资，道德与才干互为依靠，这就形成了人生这个梯子的骨架。不过，这只是自我发展的前提与基础。一个人要得以提高和升华，就要求学，从启蒙开始，小学、中学、大学……然后就要工作，助理、专家、大师……这便是人们所说的“确立目标，分步实施”，即通过和借助梯子上的横木，踏踏实实，一级一级向上攀爬，一步一步到达顶端。

人生如梯，是说人生如同梯子一样有两根侧木，一根是“志”，一根是“气”。朝着上方的目标是“志”，一鼓作气中途不停止是“气”，两者合起来就是“志气”，这便是人生这架梯子的支撑。而一鼓作气去实现目标，就是连接这两根侧木的横木，人们称它是一步一步的“行动”。依傍“志气”，凭着“行动”，不断向上攀升，于是就达到成功的高处。一个人要是没有远大目标，他一定只注意眼前的个人琐事，一个仅仅注意个人琐事的人，永远也达不到远大的目标。此便是人生这架梯子“侧木”与“横木”的辩证关系。

人生如梯，是说人生就像梯子一样有着“双行道”。人不可能总在高处，有上有下才是人生中的必然。那一级级横木，既是助你到达高处的台阶，也是让你回归平实的通道。在你向上攀爬时，不要弄脏了横木，否则在你下来时必然落得个两手脏污；更不能弄断了横木，不然你就会一脚踏空摔得鼻青脸肿，甚或粉身碎骨。

人生如梯，是说一个人要达到较高的高度，就得让自己人生的梯子的两根侧木更长一些，更粗壮一些。而且还要让梯子的下部更宽一些，即人生是一个梯形，这样基础会更稳固。一个人无论怎样炫耀自己的技术和知识，倘若对自己生命的来源和基础麻木不仁，便是最大的无知。

人生如梯，是说人要如同梯子的两根侧木一样和睦相处，相互扶持。爱是一种责任，需要两颗心一起来承担；爱是一种默契，是心与心之间的相互交流；爱是一种付出，需要理解与体谅；爱是一种幸运，需要有时间去感受那份喜怒哀乐……

“百岁易为成荏苒，丹霄谁肯借梯航。”既然梯子的长度已远远不够，我们又不可能拔着自己的头发上到天庭。那就珍惜每一寸光阴，乘着一架载着精神的梯子，让我们向着高处的目标不断进发。

我们能从“梯子”上学到什么呢？责任、爱心、尊重、勇敢、信任、宽容、合作……

有些高峰要留给仰望

崔修建

他是一位著名的职业登山者，在二十多年执着不懈的攀缘中，世界上许多著名的高峰都被他踩到了脚下。

那一天，曾经历过数次登顶失败的他，经过一段时间精心的准备，再次向自己心仪的珠穆朗玛峰进发。

站在海拔6700米处，仰望高耸入云的峰顶，他仿佛听到了生命深处那热烈的召唤。他激动地冲着白雪皑皑的山峰喃喃道：“我来了，追赶着年轻时放飞的梦来了。”

苍天似乎也听懂了他的心声，那两天的天气非常适合攀登。

他一路向上，行进得十分顺利，在抵达海拔近8000米的高度时，他仍保有不错的体能。经过一夜休整，他继续向峰顶挺进。

然而，天有不测风云。早上还是晴空万里，微风习习，可刚过了两个多小时，山间便开始云团翻卷，狂风劲吹了。

他小心翼翼地挪动脚步，异常艰难地向上攀登，一步一步地，慢慢缩短着距离。又过了两个多小时，他终于疲惫不堪地到达了距峰顶还有不到200米的一个避风的落脚点。

休息了一会儿，风似乎还没有小下来，他开始试探着向峰顶冲击。

然而，他只向上攀行了100米左右，便停了下来，他感觉到耳畔呼啸而过的狂风更猛烈了，双腿也越发沉重起来。他预感自己这一次真的难以征服最后这不足百米的路程了，即使自己奋力冲刺能够抵达峰顶，恐怕也难以安全地下撤。于是，他抓紧时间往山下撤退。

他一撤到安全地带，便闻知有两位与他同一天登峰的英国登山队员还没有撤下来。不久，他便从报刊上看到了他们遇难的消息，他们都倒在了距离峰顶30米左右的地方。从他们遇难时的姿势判断，他们都已登临了峰顶，却是在下撤时遭遇不幸的。

当有记者问他：“当初在决定放弃的时候，是不是感觉特别遗憾？”

他悠然道："是有一点点的遗憾，但不是特别遗憾。因为有些高峰，是要留给仰望的。"

"有些高峰，是要留给仰望的。"这句含义深邃的话语，不仅是说给攀登珠峰者的，也是说给所有攀登人生高峰的人们的。

还记得那一期的《开心辞典》，有个留着美丽卷发的嘉宾臧涛，面对她答题时浅笑嫣然的神态，很难想象她是一位癌症晚期病人。她坦然地讲述着自己的病情，仿佛在述说别人的故事。自始至终，她都保持着甜美的微笑。

她有一句话特别令人感动："我虽然有很多的梦想不能实现了，但我已经在心头为它们立起了丰碑，并向它们一一地献上了由衷的敬意。"

年轻的女孩臧涛以优雅的姿态，与自己所热爱的世界从容地告别。面对她那"生如夏花般绚丽，死如秋叶般静美"的短暂人生，相信许多人都会赞同这样的观点：她与那位登山者一样，让自己的灵魂站在了最高处。他们心怀敬畏的仰望，不仅是一种对生命的敬重，还是一种对人生的智慧选择。

人生中还有许许多多的高峰，它们就矗立在那里，不是要让我们奋力去征服的，而是要我们心怀敬意地仰望的。而只有知晓了这些，我们才能从容不迫地取舍，才能如云卷云舒般自然地进退，才能品味到生命真正的要义。

我们都是平凡的人，承认自己的渺小是理智的。有些东西注定要仰望，有了仰望，才有源源不断的动力。

读书的癖好

周国平

人的癖好五花八门，读书是其中之一。但凡人有了一种癖好，也就有了看世界的一种特别眼光，甚至有了一个属于他的特别的世界。不过，和别的癖好相比，读书的癖好能够使人获得一种更为开阔的眼光，一个更加丰富多彩的世界。我们也许可以据此把人分为有读书癖的人和没有读书癖的人，这两种人生活在很不相同的世界上。

比起嗜书如命的人来，我只能勉强算作一个有一点读书癖的人。

根据我的经验，人之有无读书的癖好，在少年甚至童年时便已见端倪。那是一个求知欲汹涌勃发的年龄，不必名著佳篇，随便一本稍微有趣的读物就能点燃对书籍的强烈好奇。

回想起来，使我发现书籍之可爱的不过是上小学时读到的一本普通的儿童读物，那里面讲述了一个淘气孩子的种种恶作剧，逗得我不停地捧腹大笑。从此以后，我对书不再是视若不见，而是刮目相看了，我眼中有了一个书的世界，看得懂看不懂的书都会使我眼馋心痒，我相信其中一定藏着一些有趣的事情，等待我去见识。

随着年龄增长，所感兴趣的书的种类当然发生了很大的变化，而我对书的兴趣则始终不衰。现在我觉得，一个人读什么书诚然不是一件次要的事情，但前提还是要有读书的爱好，而只要真正爱读书，就迟早会找到自己的书中知己的。

读书的癖好与所谓刻苦学习是两回事，它讲究的是趣味。所以，一个认真做功课和背教科书的学生，一个埋头从事专业研究的学者，都称不上是有读书癖的人。有读书癖的人所读之书必不限于功课和专业，反倒是更爱读课外和专业之外的书籍，也就是所谓闲书。

当然，这并不妨碍他对自己的专业发生浓厚的兴趣，做出伟大的成就。英国哲学家罗素便是一个在自己的专业上做出了伟大成就的人，然而，正是他最热烈地提倡青年人多读“无用的书”。

其实，读“有用的书”即教科书和专业书固然有其用途，可以获得立足于社会的职业技能，但是读“无用的书”也并非真的无用，那恰恰是一个人精神生长的领域。从中学到大学到研究生，我从来不是一个很用功的学生，上课偷读课外书乃至逃课是常事。我相信许多人在回首往事时会和我有同感：一个人的成长基本上得益于自己读书。

那么，一个人怎样才算养成了读书的癖好呢？我觉得倒不在于读书破万卷，一头扎进书堆，成为一个书呆子。重要的是一种感觉，即读书已经成为生活的基本需要，不读书就会感到欠缺和不安。

宋朝诗人黄山谷有一句名言：“三日不读书，便觉语言无味，面目可憎。”林语堂解释为：你三日不读书，别人就会觉得你语言无味，面目可憎。这当然也说得通，一个不爱读书的人往往是乏味的因而不让人喜欢的。

不过，我认为这句话主要还是说自己的感觉：你三日不读书，你就会自惭形秽，羞于对人说话，觉得没脸见人。如果你有这样的感觉，你就必定是个有读书癖的人了。

有一些爱读书的人，读到后来，有一天自己会拿起笔来写书，我也是其中之一。所以，我现在成了一个作家，也就是以写作为生的人。

我承认我从写作中也获得了许多快乐，但是，这种快乐并不能代替读书的快乐。

有时候我还觉得，写作侵占了我读书的时间，使我蒙受了损失。

写作毕竟是一种劳动和支出，而读书纯粹是享受和收入。我向自己发愿，今后要少写多读，人生几何，我不该亏待了自己。

能够从中获得快乐的事才应该是真正可以称之为癖好的吧，就像作者一样，不必如学者般做过多的深究，自然沉浸于其中，能够收获快乐，这便是最好的状态了。

心中的向日葵

林振宇

在我心中，最美的花不是长在田野里，也不是长在花盆中，而是鲜活地长在画布上的向日葵，它散发的艺术光彩让世人为之惊羡！

由此，我仿佛看到有位画家，在原本空白的画布上痴迷地画着向日葵。他的神情是那样专注，好像忘记了世界的存在，忘记了人生中诸多的烦恼、忧郁和痛楚，整个身心都沉浸在绘画的艺术氛围中。他不单是用笔、用心作画，更是倾注了自己全部的热情，他是在用生命作画啊！

这位画家满头红发，颧骨凸出，鼻子很大，紧戚的浓眉下深陷着一双不大的眼睛，额头上布满了皱纹。他的一只耳朵也残缺了，并用纱布包裹着，这在他的自画像中可以看到，其模样好像战场上受伤的士兵。

他为人淳朴憨厚，心存仁爱之心，曾当过传教士。但他性格孤僻，行为有些荒诞，很难被人理解和接受，因此，人们都对他避而远之。

他一生穷困潦倒，生活还得依靠弟弟接济。为了购买绘画的材料，他长期节衣缩食，身体变得异常瘦弱。

他唯一的爱好就是绘画。他没有受过专业的训练，虽然也曾向别人学习过，但他最终走上了一条自悟的道路，整天不停地画。

尽管生活困顿，爱情失意，常遭同行的冷眼和揶揄，也丝毫没有减退他对绘画的追求和热忱。

应该承认，他在绘画方面有一定的天赋，但也离不开平时的勤奋努力。

他喜欢自由地绘画，试图用丰富的色彩去表达自己复杂的内心世界。他的画生动质朴，风格独特，富有意境。可是，他的画在他生前并不被人发现和欣赏。

孤独、贫穷、痛苦和焦虑长期折磨着他，使他情绪失控，他疯了，用手枪结束了自己短促的生命，时年37岁。

然而，他怎么也想不到，就在他离世以后，他的作品创造了纽约拍卖行艺术品拍卖中的最高纪录。凡·高，一个死后才享誉世界的荷兰画家。

由凡·高我联想到：生命的意义不在长短，而在于价值。但是，价值也有一个被认知的过程。有的人，在他活着的时候，其价值很快就被人发现和认可，这种人是幸运的；还有一种人就没有那么幸运了，其价值显现得很慢，好比一颗被土掩埋的明珠，天长日久不显露，只待狂风吹去尘土，放出璀璨的光芒，世人才会看到它的价值。然而，他们再也等不到这一天了，他们早已沉眠于地下，无从得知了。可谓生不逢时，死后流芳。

生命的价值是自己赋予的。如果把生命比作一张画布，最初的时候那上面是空白的，就看我们如何去绘画。

若想让生命有意义，画出自己绚烂的人生画卷，就不能依靠他人，因为生命的画笔就紧握在我们自己的手中！

每个人生来都是一张白纸，每个人都是自己人生的画家，美好的未来由自己绘制。

从不给你打满分

一路开花

孩子再一次把得奖的作文递到我的手里，题目是《我的爸爸》。

写这篇文章之前，他向我提出了许多莫名其妙的问题。因为我的职业有些特殊，所以，他根本不明白我的工作性质和工作目的。譬如，当老师是为了教书育人，有事先排好的课表和固定的工作时间；当工人是为了企业生产，也有法定的节假日和明确的上下班时间。可我写作是为了什么呢？什么时候上班，又什么时候下班？

参加征文之前，我简要地和他聊过几次。他把我所说的精要的话，都记录到了随身携带的素材本上。而后，花了一整晚的时间写作、修改、誊抄。

第二天，他冲进我的书房，手里拿着他的得意之作，请求我给些意见。我粗略地浏览了一遍，随手提起红笔，在有问题的地方画下了醒目的波浪线，并告诉他再好好想想，是否可以找到更为精确的表达方式。

我知道，就写作这一块来说，他在学校已是佼佼者，但出于本身工作性质的缘故，我对他写的东西，总是近乎苛刻。他时常受不了我这种高要求、高标准的态度，这次，也是一样。

他捧着画满红线的作文本，迟迟不肯离开。我再度搁下手中的书本，问他是否有什么意见。他说：“爸爸，如果满分是100分的话，你给我这篇作文打几分？”

我想了想，最终还是决定给他打80分。

他默然地离开我的书房，进了卧室。又是一整天的沉闷。他每次都极力要求我给他的作文打分，可每次打分之后，他都会表现出一种委屈的状态。

我知道，他一直都在用心写。尤其这次为了参加省报主办的少儿征文大赛，他更是绞尽脑汁，搜取素材。

他爱我，这我也知道。不然，他大可以写《我的母亲》《我的老师》《我的同学》。说实话，写这些对象远比写我要容易得多。因为，我没他们那么好的脾气及耐心。可他却愿意硬着头皮，花大把的时间来了解我，并试图找一切机会与我攀谈，这不就是爱我的具体表现吗？

一周后，他把修改过的文章搁于我的床头。这次，我终于被他打动了。一位严父的内敛之爱，在他的笔下，如同一朵悄然绽放的百合，日渐显露出柔黄的花蕊。

这次，我破例给他打了95分。

晚饭的时候，他就此事与我发生了激烈的争执。因为，这篇在我手中只得95分的文章，早在前天已被他们校长以满分的成绩推荐到了省报编辑部。

他哭着问我："为什么所有老师都能给我满分以资鼓励？为什么你就不能放低要求赞美我一次？"饭桌上，我始终保持沉默。

深夜，我在他的文具盒里放了一封简短的信："孩子，赞美可以有很多种形式。你知道吗？在爸爸心中，你一直是个让我骄傲的孩子。我之所以苛刻，从来都不给你打满分，是因为我想让你能在浮躁的学习中找到一个戒骄戒躁的港湾，并由此明白自己离成功到底还有多少路途要走。”

能让沉迷于溢美之词中的你保持清醒，这便是最可贵的爱。

陈旧的美丽

君　燕

一直觉得只有崭新的东西才最美。春天树杈间的那一抹新绿，小女孩身上崭新的连衣裙，雨后清晨清新的空气……是的，这些新鲜的东西似乎都有一个另外的名字，那就是美丽。没有人能阻挡新鲜带来的生机和活力，就像没有人能拒绝它带来的愉悦的视觉和精神享受。崭新的事物就像一张铺展开来的画布，洁白干净，充满了未知和希望；又如头顶那一抹高远的湛蓝，清新、透亮，让人生出无限遐想和渴望。最让人动心的应该数正值花样年华的少女，巧笑倩兮、美目盼兮，清新美丽得仿佛不染一丝岁月风尘。

那次和朋友们去旅行，在一座寺庙里，我看到了一口古旧的大钟。这口大钟不知道经历了多少次风雨的侵蚀，底部的花纹变得暗淡模糊，表面还隐隐生出一层绿色的铜锈，似乎在昭示它的年迈和苍老。我的心情突然变得庄严肃穆，也就是在那一刻，我突然爱上了这口大钟，爱上了它的沧桑和内涵。当低沉、悠扬的钟声缓缓响起，仿佛穿越了千年的时光，带着远古的气息扑面而来。我知道这应该是岁月赋予它的独特的魅力——这是任何一口新制的钟永远都达不到的效果。

原来，有些事物，只有经历了岁月的流逝和打磨，才会焕发出其独特的魅力。这是一种与崭新的事物截然不同的美，它沾染了流光的印记，经历了岁月的风尘，因而变得厚重而内敛，这是其他崭新的事物永远无法比拟的美。

还有一次，朋友乔迁新居，我们去她家里做客。崭新的家具配着刚装修好的房子，一切看起来都令人赏心悦目。然而，朋友手里捧着的那个陈旧的茶壶却吸引了我们的目光。“这是爷爷当年留给我的。”看到我们注视的目光，朋友笑着解释，她用手轻轻地摩挲着茶壶，目光里满是爱恋和不舍。在朋友的讲述中，我们得知这个茶壶对于她的意义，那是一个老人对子女的牵挂，对晚辈的爱惜，但同时也是她缅怀爷爷的一种方式。

“茶壶上每一条陶瓷的纹络，都有爷爷当年抚摸的痕迹，我甚至能感觉到爷爷当年的体温和味道。”朋友凝视着茶壶，动容地说道。是呀，这把陈旧的茶壶因印上了亲人的痕迹而变得与众不同，朋友用着的时候，不仅得心应手，还能体会到一种特殊的情感。这不得不说是一件极为美妙的事情。

当一件事物被赋予特殊的情感时，它便不再是一件简简单单的事物，它更成了一种寄托，成了全世界独一无二的东西。想必用再多的东西也换不来这件痕迹斑斑的旧物，正是这一点点痕迹才让这件旧物有了它存在的价值和意义。

一直认为美丽属于年轻的女子，从来没有想过年过半百的女子竟也可以如此美丽！见到那个年过半百的女子时，我一时竟不知该用什么词语来形容。得体的着装和谈吐，优雅的气质和举动，做事永远不疾不徐、淡定从容，仿佛根本不知何为急躁、何为生气，和她在一起有种如沐春风的感觉。和她相处的时间越久，越会不自觉地被她身上散发出的魅力所吸引。

“你们都害怕变老，但我从来不担心这个。”她笑着说出这句话时，由内而外的魅力在她脸上的每一道皱纹和头顶的每一根白发上闪耀，这是一种无与伦比的美丽，是岁月和经历赐予的宝贵财富。

美酒只有经历岁月的沉淀才会更加香醇，人生就是一个不断积淀、经历的过程，如此，才愈加丰富多彩！

经受时光之河洗礼的老物件，蕴藏了珍贵的情感和回忆，犹如经历世事变迁的人，有一种温暖的怀念在心里积淀。

选一种方式看日出

红　韵

假日里，我和朋友结伴去白云山看日出。为了在天亮前登上山中最高的那座峰——玉皇顶，我们凌晨三点便坐车赶到山脚下。

山里的风很大，夜也很黑，却仍有不少和我们一样来看日出的游人早早地赶到这里。山脚下那家小商店的灯光照亮了漆黑的夜，就着灯光，我们看到几位身穿军大衣的乡民正在忙着向游客们出租棉衣和手电。

附近有数名精壮的担夫，两两一组地抬着用藤椅扎成的轿子，不失时机地向我们招揽着生意：“坐轿子哦，280 元送到山顶……”有一对衣着时尚的年轻人，穿上租来的军大衣，嘻嘻哈哈地交钱坐了上去。两顶轿子从我们面前一晃一晃地擦身而过，真是一种舒适的诱惑！朋友问我：“从这里到山顶，有 4800 个石阶。你能走吗？如果不行，也坐轿上山吧？”我说：“能，走吧。”朋友笑笑，打开手电筒，拉着我的手，向山上走去。

两顶轿子在后面紧跟着我们，担夫们时不时地向朋友吹着“耳边风”，说前面的山路如何艰险，夜又是多么黑暗，甚至还主动向我们压价：“200 元，行了吧……180，坐哦？”朋友不吭声，拉着我的手只管往前走。时不时，有山风吹过，携着夜的寒气，让我们不由自主地裹紧了风衣，但这一切，都没有动摇我们亲自登上山顶的决心。担夫们有些失望地转身向后面的游人“推销”。

深山里的景色，隐在漆黑的夜色中，除了手电筒照亮的路，四周的风景什么也看不清。这样也好，我们只一门心思地往上攀登就好了，峰顶的日出，是心中唯一的诱惑。踩着石阶，蹬着滑石，我们大步流星地往上走。走着走着，身上开始冒汗，想想这样既锻炼了身体，又省下了租棉衣和坐轿子的钱，不由莞尔。

上到青云梯的时候，我们和前面那对坐轿上山的年轻人擦身而过，之前健步如飞的担夫，此时也放慢了脚步，边走边急促地喘着气。我也同样，只感到腿像灌了铅似的，每迈一步，都异常艰难。越往上走，台阶越陡，我们只好走一段就坐在台阶上恢复一下体力，然后手脚并用地继续攀爬……

快六点的时候，我和朋友终于站在这座海拔2216米的中原第一峰上。此时，东方已出现了红彤彤的霞光。眼前的天空，仿佛是一组组灯影，千变万化，时有佛光奇景，时有骏马奔腾、天狗飞跃……

那些红云在东方慢慢升高，渐渐的，佛光奇景、骏马天狗都隐入天际，接着是一个火球，从红云后面升起，越来越大、越来越亮，周围的山野风景也越来越清晰，色彩越来越鲜亮……

这时我们看到那对坐轿上山的年轻人正兴奋地用手机拍摄日出的景致。山上的风比山下还猛，他们把棉大衣的扣子全部扣紧了，而攀登过程中流出的汗水，早已浸透了我的后背，我不觉得冷，相反，这风吹在身上让我感到格外舒爽。

突然觉得，人生就像一场攀登，有的人是花

了钱被抬上山顶的，有的人却是一步一个脚印踏踏实实地自己走上来的。虽然前者能和后者一样站上同样的高度欣赏日出的壮美，却远不如后者更能品味到山风拂去所有艰辛和汗水的幸福滋味。正如《平凡的世界》中主人公孙少平的感悟：“自己历经千辛万苦而酿造出来的生活之蜜，肯定比轻而易举拿来的更有滋味。”

以不同的方式到达山顶，心境不一样，收获也不一样。有些事情需要我们亲自去经历、去体会。

织

一庭红扑簌

织是女人以草木纤维为笔写的诗，横横竖竖，都透着灵性智慧和绵长情意。

第一个将树叶串起用来遮体御寒的人，是个灵性开始觉醒的人。这人可能是个女人，女人才有这样的灵性和慧心。

慧心起，万物缤纷。织麻布、葛布，要剥取

麻和葛的皮，将它们曝晒，淋雨，腐烂，最后只留下里面的纤维。纤维韧如丝，越洗越白。粗细均匀分割，合股，经纬相织，成布成匹。

幼年时，我和弟弟一起挤在父母的大床上，夏天，床上罩的帐子是葛布做的。洗一水，白一水，到我离家读书时，帐子已经白如初雪，果然是日久见真心如玉。从前的东西，那么禁得起时光来磨。从前的情感也是，虽那么艰难，但不破不分。

“绩蚕初成茧，相思条女密。投身汤水中，贵得共成匹。”一首古旧的民歌，是写煮茧呢，还是写相思？又疼痛又华丽，像诗。一朝茧成丝，上了纺车和织机，便是重新投世。生为绢，为绫，为绮，为纨，为绡，为缎，为罗，为帛，为锦，为练，为縠……《红楼梦》里，宝玉悼晴雯，于冰鲛縠上用楷字写成《芙蓉女儿诔》，也是又疼痛又华丽。谢朓有诗“余霞散成绮，澄江静如练”，绮和练，一个饰有文采，一个是纯白色。云霞和江水，都美得如蚕丝织就的丝织品。

身为女人，没用过纺车，不曾丝织，有些遗憾。童年时，我和堂姐堂哥们躲猫猫，躲进村子里一户张姓人家的屋子，那是一间放杂物的旧房子，我们在里面意外看见一辆纺车。手摇的纺车，上面蒙了一层灰，手柄处犹见色泽深厚，想来一定有好几代的女人用过。现在，弃之不用。那家的老婆婆，性格贤淑，说话轻声细语，老得像陶渊明的诗，雅淡而清和。八十多岁了，还有一张肤色明净的脸，头发梳髻一丝不乱。我猜那纺车的最后一位主人一定是她。

我去苏州，在苏州第一丝厂观看了现代的纺织。大车间，大机器，人在机器和布匹之间附着，像一枚灵巧的螺丝，我实实地被这场面震撼、颠覆。

我一厢情愿怀想了多年的诗意的纺织，竟是以这样千军万马的阵势呈现于眼前！眼见着一片布，云朵似的飘落，再被机器卷起。一匹布，就快速地从机器里织了出来，总觉得时间还没有在那纹理之间停留过就消失了。离开时，我有一点点怅惘。

想起书里读过的那些从前的纺织人。织女，在天上，据说天上的云朵都是她织的。那么，白云为练，为素；彩云为绮，为锦。漫天的云朵，想必后来都会成为织女的嫁妆，被运到牛郎的家里。“长安一片月，万户捣衣声。”人间千千万万的织女，织丝成匹的过程没有神话那样简洁，织过之后，还要捣衣，然后才能裁剪。棉麻织品，放在石砧上捶捣，才会变得绵软。有一词牌名叫“捣练子”，以咏捣练而得名。练是白色熟绢，织好后经过捶捣，变得越发洁白柔软。看唐代画家张萱的《捣练图》，两个体态丰盈、衣饰鲜丽的女子，一个提杵、一个歇息，秋夜清寒，砧声远远近近，那么辛苦又那么诗意。

“唧唧复唧唧，木兰当户织。”读一读关于丝织的古老诗句，想象自己在古代织布的样子，青丝粉颊，姿态安然。唧唧复唧唧，青春在一架织机前，是那么长那么长，像麻，像棉，像丝。

从前，我们养蚕采桑，剥麻撷棉，日子庄重俨然又牢实，如织物的经和纬交叠在一起。

每个人心中都有一种闲适的理想生活，那种生活，即使朴素，也是幸福的。

第二辑　一窗一世界

一扇窗是一幅流动的画，只要敞开心灵，处处是俯拾不完的美。

低头会看到的美

范文超

抬头会看到一些美，比如浩渺苍穹、蔚蓝天空、星月满天；平视会看到一些美，比如远方山峦、湖风拂柳、河畔浣女。还有很多美会在我们低头时呈现。

低头会看到水的清幽。这水可以大至江河湖海，小到山泉溪流，也许我们平视时也可以看到它们的清幽，可平视时我们看到的美和低头时看到的是不一样的。当我们泛舟湖上或静坐河畔，此时我们自然希望水是清澈见底的，有鱼翔浅底，有虾虫浮动，有圆润的鹅卵石。此时，若再有阳光暖照身上，暖风拍拍周身，我们是不是很想唱歌呢？而这些美，是我们必须低头才会看到的，唯有低头才会看得真切、看得纯粹、看得全面。如果水流条件允许，我们大可以下水游泳或者潜水，那我们看到的水的清幽无疑更为直观和震撼。

我仍记得二十余年前，我在老家的大河里游泳。我在水中滑动着，那水很清很静，我在水中睁开了眼睛，那是我的全身与水最为亲密的接触。可以想象我的眼睛经历的旅程是如何的美，在远离城市的山野里，来自天空、来自山间、来自地下的水流，一起汇成了这条大河，滋养了家乡的万物，也滋养了我的双眼。

低头会闻到花的芬芳。当我们来到一片花树面前，当我们来到一座花园中间，是的，似乎不必多么用心地去呼吸，那些花香的因子自会主动跑到我们身上来。而我想说的是，这些花香是主动的、调皮的、活泼的，她们跳出花瓣花蕊，飞舞在她们能够飞到的空间里，恰巧被我们的鼻子捕捉到了。

而更多的花朵生长在低处，她们是幽幽的，不张扬的，我们唯有弯下腰或者蹲下身来，才能够细致地看到她们的形态、闻到她们的芬芳。这些花既可以是培养在温室花棚里的高贵花种，也可以是无意间栽种在田间地头、桥下河畔、原野山谷的知名或无名的山野小花。她们的姹紫嫣红是那么自我又任性，那是花儿们最原始、最本真的模样。

夏天的时候，有一种花开得极其旺盛，她的颜色可以用火红来形容。奇异的是她花蕊的形状是一根根的，并且每一根都可以拔下来吸，这时会有蜜水一样的甜汁从管里流出。这种花在东北的乡下分布极广，我和小伙伴们曾在小学的花圃里、乡道边采食过她，每一次吸入的虽然只有一点点甜汁，但那种甜是泛着花香的，直入心肺。

低头会看到草的碧绿。这草自然是春夏时节的草，绿油油的，且不说那一望无际的草原的草，只说这山野间的、田垄间的，草的颜色也是那么任性地绿着，绿到视野里，绿到心坎间，绿是她们漂亮的裙子。绿草更为出名的是她们坚韧的性格，以及对自由的向往。比如她们毫不在乎自己的栖息地是在哪里，可以在废弃的土屋顶、天台上，也可以在湿润或干涸的河岸边，更可以在沙石断崖上。

此时的草拥有最顽强的生命，可以弯曲着身子斜斜地长出，任头顶的顽石如何巨大，都不能阻挡其奔向阳光的渴望。

正因如此，草的碧绿便更加惹人眼了，那是穿越了许多艰难险阻后展现的壮美的生命。虽然我们是以低头的姿势俯瞰，但拥有的心态应是仰视的尊重。最动人的草当是挂着晨露的，露珠晶莹剔透，如珍珠，像钻石，圆溜溜的，闪着明亮的光芒。露珠挂在草叶间，或者躺在草的怀里，此时的草无疑又是极为碧绿的，而这样的绿你不低头会看得透彻吗？

低头还会看到土的厚重。土在这里是土壤，是大地，是与人类繁衍生息最息息相关的要素。我们所有人的生存都离不开土，土会生长出粮食、树木、花草，大地上的万物都要附着在土里，从土的底层汲取水源、汲取能量、汲取生存所需要的一切养分。这些土可以是黑的、黄的、红的，甚至更多绮丽的颜色；可以是肥沃的、贫瘠的，甚至带有沙石的，她们都能够承载生命、孕育生命，都能够展现出生命景象的无数种姿态。

宇宙的浩渺高远永远是那么神奇，但我们最踏实最安全的举动仍是站在大地上，或者躺在草地上，或者坐在邻居的院墙旁，和小伙伴一起数天上的云朵，看飞机飞过划出的白线，或是在星月满天的夜里赏月、数星星，天真地对着划过的流星许下心愿。此时的我们对星月存有敬畏，宇宙有着我们所没有的超能量。

而这一切美妙愿景的呈现，都离不开我们身下的大地，她才是我们最大的力量源泉，最忠实的依靠。每一次踩在乡野田间的土上，我都愿意俯身去握握那些土块，感知她们的温度，抑或躺下身来，听听大地脉搏的律动，我也便拥有了最接地气的时刻。

生活中不乏美景，但是我们低下头会发现，这一切的美景都来自脚下厚重而坚实的土地。

时间去哪儿了

孙道荣

时间对人说："如果你愿意，我可以每天帮你存储一分钟，在你最需要的时候，再还给你。"

人说："这个主意很好，但是，我非常非常忙，时间根本就不够用，一丁点儿多余的时间都没有，恐怕你没办法从中拿走任何一分钟。"

时间笑笑："我只从你多余的，或者闲暇的，或者无所事事的时光中拿走一分钟，再帮你存储起来，绝不会影响你的正常工作和生活。”

人点点头，心想，时间本来就是你给我的，正好让你看看，你给我的时间是多么少，多么不够用。

时间发现，人的一天，真的非常忙碌——早晨起来，甚至来不及吃一口早饭，就得往单位赶。到了单位，就开始打电话，接待客户，上网查阅邮件……忙得像陀螺一样；下午马不停蹄，连开了三个会，看了一沓文件，签了一堆名字；晚上整理资料。直到深夜，人才疲惫不堪地回家。

时间摇摇头，人确实太忙太累了，似乎真的一点儿多余的时间都没有。

不过，时间还是神不知鬼不觉地每天从人的身上拿走一分钟。

第一天，时间是趁人打一个电话的时候，悄

悄拿走了他的一分钟。

这个电话已经打了半个多小时，没完没了。类似的电话，人经常打，有时候是和合作伙伴谈判，有时候是因为生活中的琐事，有时候仅仅是闲扯。时间拿走了其中的一分钟，人毫无知觉。

第二天，是双休日，人和几个朋友相约喝茶。时间轻而易举地从中拿走了一分钟，谁也没有察觉。

……

有一天，人为了一件事生闷气，整整一上午，什么事也没做。时间拿走了其中的一分钟。

还有一天，人坐在电脑前发呆。时间蹑手蹑脚地拿走了一分钟。

日子一天天过去了。时间每天都从人那儿偷偷拿走一分钟，人一直浑然未觉。直到有一天，死神找到了人。

生命眼看就要走到尽头了，人心有不甘。人哀伤地对死神说：“请再宽限几天，我还有很多事情没来得及做呢，我没来得及孝敬双亲，我没能好好陪陪妻子和孩子。我虽然每天忙忙碌碌的，但自己喜欢的事情却一直没做。请再给我几天，让我尽尽孝心，陪陪孩子，做做我自己的事。”

死神坚决地摇摇头：“你已经没有时间了。”

人忽然想起来，若干年前，时间曾经答应每天为自己存储一分钟。但他不能确定这个约定有没有效。因为他从未觉察哪一天少过一分钟。

时间站了出来。时间说：“从四十年前，在你身强力壮的时候开始，我确实每天帮你存储了一分钟，直到今天，四十年总共有十天。”人一听，激动不已。人对时间说：“谢谢你在不知不觉中，帮我存下来这十天，我一定要好好珍惜这最后的时光。”

时间摇摇头，“可惜这十天，你也已经使用完了。”

人绝望了。死神准备带走人，人哀号：“求求你，今天你不是还拿走了我一分钟吗？请还给我！”

时间说：“没错，我刚才就是利用这一分钟，告诉你这一切的。”

人大叫一声，从床上惊醒，一身冷汗。

节约时间，就是使一个人有限的生命更加有效，也就等于延长了人的生命。

一窗一世界

玉玲珑

写文久坐，两眼昏花，踱步至窗前望向窗外。此时正是黄昏，晚照给树林镀上一层金色，归鸟在树枝上你一句我一句地唱着情歌，路上归人匆匆，树林下的家院，一位年轻的母亲正领着年幼的孩子玩耍，笑容在他们脸上跳啊跳。

折回身走向客厅，再回头看窗，已是一幅夕

照树林图。高楼的玻璃墙反射着太阳的光辉，明亮且温柔。窗子把窗外的世界框成了一幅画，有了局限，也有了余味。

我喜欢上了这奇妙的窗中画。

清晨，亮丽的阳光透过玻璃唤醒我。我睁开睡意蒙眬的眼睛扑进阳光的怀抱，带着满心的欢喜。远处的草地被窗子剪成一片小草原，任凭我思绪的马儿在上面飞跃驰骋。微风中轻摇的绿树，只三两枝，就构成了一片浓荫。

多美的窗子啊！轻轻一推，便是清新宜人的新一天！

蜿蜒着长长的遐想，品味午后的窗中画。

窗外风缓缓地吹进来，那棵芙蓉树真美，细巧的叶随风曼舞，像仙子舞动轻柔的纱。窗台上的海棠花着一身罗红，似是遇到了最初的恋人般，不胜娇羞。楼道里传来脆响的足音，打破了四周的寂静，接着三三两两的脚步声响起。哦，那第一声脚步的脆响，原来是暗号，虽在画外，却是灵动之笔，瞬间让窗中之画活泼起来。

记得乡下的老屋也有一扇大大的窗。窗前的阳光最多，我喜欢坐在窗子前画阳光。布满画纸的阳光，那么亲切，就像父亲的肩膀、母亲的手，多年以后，仍是我的温暖之源。

窗前有棵香椿树，还有一棵石榴树。它们在窗的一角，枝影婆娑，如娴静的女子般，于是窗中画便有了诗意情长之韵，总是让我生发出无限遐思。

一个落雨的下午，我匆匆望向窗，不经意的一眼，便被吸引。那幅画不大，因为窗子被窗帘遮住了一半，窗外的树荫便成了黑色，窗台上的茉莉花疏影横斜，瘦瘦的清骨，随意洒脱。

那盆千日红一朵初绽，红色的花瓣在雨中

淋成淡淡的粉红。雨儿还嫌不够艺术，密密细细的雨点继续渲染，渲染出柔柔的意境。我像一个等待的妇人，满腹相思，超离尘俗地被搁在画的一角。

小小的窗，时时刻刻描绘出不可复制的画、不可复制的美。它不声不响地就换了新画，谁都没来得及保存下那些绝笔之作。

那一天，我指着窗户，让别人看那些绝美的窗中画。别人却说："小小一扇窗，有什么好看，不过是一个小小的剪影而已，窗子外面的世界才是精彩的。"我终于缄默，再也不说起那些精妙的窗中画，只用我心灵的眼睛，去感受它的独特之美。

一窗一世界。

一扇窗是一幅流动的画，只要敞开心灵，处处是俯拾不完的美。

窗户是心灵的出口，也是世界的入口。透过窗户，世界缤纷的色彩纷纷倒映在心口，一扇窗户，就是一个世界。

注 意 力

孙道荣

一对夫妻去郊外度假，他们住进了湖边的一座房子。推窗见湖，湖水涟漪，景色宜人，空气清新。夫妻俩很高兴，决定多住些日子。

第二天一早，丈夫就兴冲冲地起床了，他的精神看起来好极了。

妻子却一脸倦容，她有气无力地对他说：“昨晚没睡好，断断续续被吵了一夜。”

“怎么可能？”丈夫惊讶地说，“这里很安静，我睡得非常好，你怎么会感觉吵呢？”

妻子也一脸惊讶地说道：“难道你没听到火车声吗？”

“火车声？”丈夫摇摇头，“这里怎么会有火车声？恐怕是你幻听吧。”

他们就是嫌城里太吵闹，才到这里来寻安静，度假的。

一连几天，妻子都没睡好觉，她看起来比平时上班还疲倦，丈夫却每晚都睡得很踏实。

丈夫担心地说：“你总是睡不好觉怎么行呢？这样吧，如果晚上你再听到火车声，就把我喊醒，我听听到底是不是有火车。”

晚上十一点多，丈夫已经熟睡了。妻子轻轻推醒了丈夫：“你听听，火车声来了。”

丈夫揉揉眼睛，竖起耳朵，还别说，好像真的有火车声。远远地，“哐当哐当”地响，声音渐行渐远，一会儿就消失了。

妻子说：“你先别睡，大约半个小时后，还会有。”

时间慢慢地流逝，周围安静极了，只有湖水轻轻拍打堤岸的声音。

半个小时左右，果然又响起了“哐当哐当”的声音，声音不大，就像远处的滚雷声。但是，如果你侧耳细听，似乎又能听得很清晰，甚至有点刺耳。

火车声再次消失了。

妻子无奈地叹了口气，说道：“半夜还会再响两三次。”

那一夜，丈夫和妻子一样，一次次听到了火车声，他也没睡好觉。

第二天，他们询问了管理人员，果然在湖的对面有一条铁路线经过。管理人员笑着解释说：“以前有客运，火车多些，但现在全是货运了，只在晚上才有几趟货运列车经过。不过，离我们这有两三公里远，又隔着这么宽的湖面，对我们影响不大，如果不注意的话，根本听不见。你们的听力真好，大部分的游客压根就没注意到对面有火车呢。”

又到晚上了，妻子躺在床上，还是睡不着，她在侧耳等待火车经过。一向倒头就睡的丈夫也没睡着，他竖着耳朵，似乎也在极力捕捉空气中细微的震动——那个害他的妻子总是睡不好觉的“哐当哐当”的火车声。

“哐当哐当”，轻微而激越的火车声，穿过宽阔的湖面，准时响起。

多么刺耳啊！

他们再也忍受不了了，他们退了房间，逃回了城里。

其实，在他们城里的家的不远处，也有一条铁路线经过，但是城里的嘈杂声彻底淹没了火车声。或者，是他们根本就没有注意过，在众多的噪音中还有一阵“哐当哐当”的火车声。

或许我们可以改变自己，学会身居闹市而自辟宁静。

敬畏生命

俞传美

万物复苏的春天，我们驱车行驶在项城到贾岭的乡间小路上，天空中浑然不觉地飘着许许多多纤维状的雪花物。一大片一大片，下着鹅毛大雪似的，但又比雪花更薄更柔软，纷纷扬扬，铺天盖地。

车窗前也铺上了厚厚一层，空气，似乎快要

冻结在这“雪花”中了！我以为是游走在画笔之下，竟然有了些许兴致，和几个文友下车漫步起来……街上赶毛驴的大爷,带白羊肚手巾的大妈，穿红戴绿的天真少女，青春健壮的小伙子都穿行在这漫天漫地的乳白色雾中，一副毫不介意泰然处之的样子，任它轻轻地飘在身上，缓缓地从身边擦过，静静地落在脚边的地上，漫不经心地挂在林荫道的树枝上。一时间，大地上像披上了一层白色的“婚纱”……

后来，文学老师告诉我，这是杨絮，依靠风力在传播种子。我完全被杨絮这种特殊的播种生命的方式震撼了。

我的心里简直承受不住这份欣喜和景仰之情。我伸出一只手，只一瞬，便有一个小精灵悄悄地落入我的手心，像一朵小小的白云，载着思念和希冀。我不忍惊扰它的美梦，松开手，让它随风飘去。落到地上，小精灵又被风托起来打着转，风儿“咯咯”地笑着。

我看见它在风中纷飞旋舞，一会儿上，一会儿下，一会儿左，一会儿右，像在向我招手，又像在微笑。一会儿它跳个舞，一会儿它转个圈，玩累了……很快地，它与天空中无数的白色精灵拥抱在一起，带着一粒种子的希望，飘向它梦想的草地与湖畔，去撒下一地可见的银白色生命。

因为有了它，这乡下世界才变得如此诗情画意，充满着活力、充满勃勃生机。

随行文友都忘情地仰望着杨絮，看着它们缓缓升空，像一群白色的小天使，带给人们欢乐，带给大地生机；像一片淡淡的云彩，为天真的孩子带来无限的遐思。我陷入沉思，为这种不计成本、不惜一切代价为大地付出的生命所感动。在杨絮那辛劳的飘散中，仿佛听见有一种天籁般的声音在殷切地呼唤，那是它在呼唤每一粒落入黑土地的种子，绽出一枚嫩绿的新芽，装扮下一个春天，散发生命的芬芳。

这是它对新生命的承诺！但是成千上万飞扬的杨絮大军中，也许只有一颗种子能够落到大地妈妈的怀抱，生根，发芽，长成一棵浓荫蔽日的参天大树。而其余的种子，因为土地的贫瘠，尽管艰难地生长，却无法蔚然成荫，甚至夭折。但它依然坚守生命，在春季末如期而至，自始至终不间断地潜心专注于这项浩大的生命工程，只管耕耘，不问收获。

杨絮日夜兼程地飘送生命的种子，像温情脉脉的母亲，这是一种强烈的生命意识的觉醒，想在飞扬中让自己的生命得以延续永恒。是它深谙生命的无常，才无私地将自己所有的精髓毫无保留地撒向人间，最大限度地展示一种顽强的生命力？还是它将生命的价值，隐藏在这令人感泣的茫茫无际的生命绝唱里？

我不由自主地联想到人类的生命史。其实，对于人类生命的起源，不是人类学家的我们，是用不着在这件事上追根溯源的。真正值得我们深思的命题在于大自然给予的生命感悟，我们应该懂得怎样感谢生命，珍惜生命，把握生命。

由此我们没有理由不对生命投以虔诚的谢意和崇高的敬意，毕竟每个人的生命只有一次。即使在人生的道路上，事业、前途、爱情、家庭都如泡沫一样破灭了，也不必悲观，不要绝望。要知道，生存本身就是一种资本，一种幸运，一种对命运勇敢的挑战。

敬畏生命，赋予我像杨絮一样纯洁而质朴的品质吧，让我像它们一样美好而强韧地存在于世间。

我们生活的世界，是由无数个细小的生命组成的。但即便这些生命再弱小，也是值得尊重和敬畏的。

真正的财富

凤　凰

卡特的父亲买下了整个莱克多镇，卡特得知这个消息后，大吃一惊。之前一场罕见的泥石流冲毁了整个莱克多镇，幸好镇上的居民转移及时，才没有人员伤亡。现在，大家都搬走了，整个莱克多镇已成为一片废墟。出售小镇的消息卡特也看到了，很长一段时间无人问津，没想到父亲却花大价钱买下了它，这绝对是个赔本的买卖。

卡特为此专门去莱克多镇察看，一看就更吃惊了：整个镇子一片狼藉，就算清理掉废墟，重新建上房子，恐怕居民们也不愿意回来居住，因为这里随时都有可能再次发生泥石流。父亲要是建房子的话，肯定卖不出去，这回父亲亏大了。一向英明的父亲，这回做出了错误的决定。

卡特来到父亲的办公室，把自己见到的一切告诉了父亲，并问父亲打算怎么办。父亲却告诉他要在镇上种树。“种树？”卡特一愣，“你买镇子就是为了种树？”父亲点了点头，他告诉卡特，别人不愿意买下这块地，是因为别人只想着赚钱，他买来小镇，可不是为了赚钱，而是为了改善这里的自然环境。

“为了改善自然环境？”卡特苦笑一声，“我们是商人，要以营利为目的。我们不是慈善机构，只想着做好事！改善自然环境，这该是政府的事！”父亲告诉卡特，以前的开发商就是为了营利，把镇东面的树木全都砍掉，破坏了自然环境，才导致了今天莱克多镇的毁灭。父亲说：“我不希望有更多的悲剧发生，所以才买下这块地种树！”

至于政府，他们宁可让居民搬走，也不想花钱改善这里的自然环境。卡特劝父亲不要这么做，说政府都不管，我们凭什么去管，可父亲还是坚持自己的想法。他请来许多工人，清理了废墟，然后在山上和镇里都种上树苗，只留下一小块地空着。卡特觉得很奇怪：空一块地干什么呢？

正如卡特认为的那样，父亲这一次花了不少钱，却一无所获。父亲的朋友们都嘲笑他，说他买废墟种树，简直疯了！话传到卡特耳朵里，他觉得十分难受。因为父亲做了这次赔本的买卖，没有了周转的资金，所以在以后的日子里，父亲再也没有很好的赚钱的机会，可父亲对此却一点儿也不在意。

每年，父亲都带卡特去莱克多镇看他的成果，那些树木一年一年长大，满山满镇，一片绿色。卡特突然眼前一亮，父亲种下这么多树，将来砍了卖掉的话，肯定能赚一大笔钱。想到这里，卡特又笑了：父亲就是父亲，想得比他长远多了。卡特再看树木，觉得那就是他们的财富，他盼望着它们快快长大。

一转眼，十年过去了。莱克多镇上的树木都长大了，整个小镇成为一片绿色的海洋。当然，因为种了树，泥石流再也没有发生过。就在卡特觉得该砍树的时候，父亲却请了工人开始在当初留下的那块空地上建房子。

卡特得知这个消息立即打电话给父亲，告诉他建房子是不会有人买的，现在应该砍树，把钱挣回来。父亲说："砍树？我栽树的目的不是为了砍掉卖钱！砍树的话，悲剧就会重演！"父亲让卡特别担心，建的房子绝对会有人买。

卡特很沮丧，他原以为父亲种的树是准备砍来卖的，现在不仅不砍树，还要建房子，真是亏大了。他觉得父亲前半辈子是成功的，挣到了大笔财富，而后半辈子却相当失败，辛辛苦苦挣来的财富转眼间就消失了。

半年后，莱克多镇的空地上建起了一幢幢楼房，没想到的是，房子很快就销售一空。在建房的时候没有人去订购房子，现在却销售一空，这让卡特着实吃了一惊。父亲打电话告诉卡特，说给他留了一套房子，让他去住。

某一天，卡特来到了莱克多镇。此时的镇上

已有了一些人家，可是真要让他在这里居住，他只怕自己待不长久。父亲把卡特带到山上，说道："你看，现在这里有了树，有了鸟，还有了人，大家和谐相处，是不是很好？"

卡特点点头。

父亲又说："保护自然，保护环境，自然就会造福于人。现在，这里山清水秀，鸟语花香，人们争相购买这里的房子。虽然最终我还是没有收回本钱，但是看到今天人与自然和谐相处的美好景象，你不觉得这才是真正的最大的财富吗？"

卡特恍然大悟，说道："爸爸，我懂了！我想，我愿意在这里住一辈子！"听了卡特的话，父亲露出了灿烂的笑容。卡特也笑了，因为父亲太伟大了，他创造了真正的财富！

我们最大的财富，莫过于拥有脚下的这片土地。保护好我们赖以生存的自然环境，就会获得丰厚的回报。

把匆匆的日子写成书

风　絮

接到朋友的电话，说她搬家了，让我去“认门”，我欣然前往。

朋友的新家位于距离市区约五公里路的地方，背靠青山，近邻秀水，环境清新。

新房参观完毕，朋友拿出一些书让我看，她自己则去厨房洗水果，招待我这个“贵客”。

无心看书，眼睛却无意中看见了她家的日历。咦？上面有图画，而且是手绘的。我拿过来看，只见上面写着：“今天我的闺密芳要来，她是我搬新家后的第一位客人。这女子生性忧郁，不喜欢外面浮躁的世界。她喜欢素面朝天，写属于自己的文字，用句时髦的话说，就是‘小清新’一族。去打扫卫生了，准备盛大迎接我的‘第一’。”字的下面画着两个拥抱的女孩的速写。

“今天，我和朋友闹矛盾了，因为一件很小的事。仔细想想，是我心里长草了，可怎么办呢……忽然想起了在书上看到的一句话：要想除掉旷野里的杂草，方法只有一个，那就是在上面种庄稼。我知道该怎么处理了。”

“老爸不喜欢吃饭店的饭菜，但妈妈今天很累，不想做饭，就和老爸吵架了。邻居王阿姨来劝他们，王阿姨是一位老教师，她告诉妈妈一句林语堂先生的名言：爱一个人，从他肚子起。后来妈妈去做饭了，老爸吃得很开心，他说因为饭里有爱。”

“今天妈妈生日，老爸不知道从哪里学来的厨艺，他把玫瑰花瓣摘下来洗净，加糖搅拌成糊状，包成糖三角的样子，并美其名曰：爱情糖三角。妈妈吃着玫瑰糖三角，脸上好幸福、好甜蜜……”

每一张日历的文字下面，均配有速写。

当她从厨房里端来一盆水果，我问她：“你家的日历从来不撕吗？”“嗯，我喜欢在上面写心得，画我的黑白画。你别小看这日历啊，说不定将来可以变成一本书呢。喏，你看，我从上初中就开始写‘日历书’，已经有五本了。”说着，她从一个抽屉里拿出来一摞日历。

我很佩服朋友这样有心，如果每天像我一样过一天就撕掉一张日历，日渐变薄的日历带来的就只有感叹和伤感，因为过一天少一天的感觉不好受。

匆匆的日子，记录下点点滴滴的欢喜和感受，就像朋友在日历上写下自己的人生感悟、心得体会，画下一幅有心的画，等到将来暮年的时候翻开，那一本本小小的日历，组成的将是一部厚重的人生大书。

时光匆匆，与其哀叹时间的流逝，不如把时光中的点点滴滴记录下来，暮年回首，这一切将会成为最美的回忆。

纸上寄真情

（菲）卡梅尔·瓦伦西亚　孙开元　编译

记得九岁的时候，有一次我和妈妈一起去新加坡果园路的购物中心，我们走进了一个小走廊，在一间屋子的玻璃窗后面坐着两个工人，听妈妈说他们是卖邮票的。我给了他们几枚硬币，他们微笑着把几张邮票递到了我手里，我和妈妈把邮票贴在了我们的信封上，然后就把信投进了信箱，我专注地瞅着投信孔，确信投进去了才放了心。对于妈妈来说，写信只是她的日常事务之一，比如给住在马尼拉的亲戚或是美国的婶婶写一封问候信，但是对于我来说，这是一件非常有意思的事。多少年过去了，我依然对这样的信件心怀眷恋。

看到楼门口的信箱里收到了一封信是件令人兴奋的事。每次，我在下午出去练骑车之前，都要先检查一下家里的信箱有没有信，是我自告奋勇向爸爸妈妈要求这个任务的："我去！我去！"

那时我的小手可以直接伸进投信孔，不用钥匙。在拿信之前我会先往信箱里瞅瞅，啊，在一堆广告、账单里有两封信！一封来自马尼拉，另一封来自美国！接着，我就会拿着信跑回家递给妈妈，如果信是寄给我的，我就会立刻在信箱旁打开它看一遍。

我们家在 1996 年搬回了菲律宾老家，那时我不用去邮局了，因为人们开始使用电子邮件，人们见面谈论最多的就是他们的邮箱，还有就是网友给他们发了什么样的电子邮件。当人们可以方便地用网络发邮件时，为什么还要用落伍的传统信件呢？但是，只在网上收到一封邮件给人的感觉一下子就冷了。科技给予了我们一些东西，也夺去了我们一些东西。

后来，我所在的公司搬到了上海，我在那里又感受到了邮局带给人的亲切感。两年前的一天，我和五个朋友在中国广西龙胜龙脊山的山顶一起庆祝我的生日。当我们早上在旅馆里醒来时，山顶正是一片壮丽的景色。出去观赏完日出后，我们开始往回走，半路上，一家有着中国邮政标志的便利店吸引了我们的目光。

我用半生不熟的汉语问女店主，在她这里是

不是真的能往外寄信，她愉快地回答：“对！”真令人难以置信，因为我们此时正处在山的最高处。我在店里挑选了一张明信片，让朋友写一张生日贺卡寄给我。据说，这里的信不仅能寄到山脚下的桂林，还能寄到上海，当然我们得买张邮票。朋友写好了地址和几句祝福的话语，我把这张贺卡递给了店主，然后静待佳音。

三个星期后，我在上海的公寓门口打开信箱时，终于看到了那张贺卡，我高兴地笑了起来。

有时候一个小小的举动却有着不一般的意义，这张贺卡勾起了我对邮局的回忆和它给我带来的小喜悦：一种正在失去的东西又恢复了生机，而且不会像电子邮件那样时常会有“发送失败”的提示，还有就是在投出一封信时，那种期待回信的兴奋。

我已有好些年没去过邮局了，现在我也只是

给朋友们寄一些明信片，写在上面的话语不多，但有着和一封信一样的意义。每当在邮局里买邮票时，一想到一张小小的明信片就能给远方的一个人带去快乐，我就会很开心。

有时候，一件东西在失去之前，我们不知道它的宝贵。也许有一天，我们再也收不到一封手写的信件、再也买不到明信片和邮票时，那会多么遗憾。

但我更愿意相信，这一切都不会失去，我自己现在就经常寄明信片，为了让这一传统方式保持生机而尽着自己的一份微薄之力。我现在和四位朋友保持着互通贺卡的来往，我经常是拿着一张贺卡对朋友谈着条件："只要你给我寄一张贺卡，我就给你也寄一张！"

我在上海的公寓门口有个信箱，金属的表皮上印着我的房间号码。

这个信箱和我小时候在新加坡时家里用的那个信箱的样子很像，不过我的手不再像儿时那样可以不用钥匙就能伸进去拿出任何东西了，但是每次接到信时，我还会像在九岁时那样，忙不迭地打开信封去看里边的信。

这种怀旧的情结真是挥之不去，现在我依然期待着打开信箱时，在一大堆广告和账单里能发现一封写给自己的信，或者是一张小小的明信片。

一张小小的明信片，传递友情，寄托亲情。在快节奏时代，亲笔写下想说的话，这份心意弥足珍贵。

在读书中遇到最好的自己

商艳燕

在我的记忆中，童年是一个旷日持久的过程。屋檐下的雨滴总是缓缓敲碎我恍惚的梦，童年在一朵朵紫色的牵牛号角中次第绽开。

正午骄阳中，总担忧午睡会抢夺了白日梦的时光，我在山坡上与一朵不知名的小花相互凝视。山那边的斜阳拉长了一个孩子悠长的影子，疯长的野草上栖息着无数蝴蝶，扑上去，童年的气息洒满山野。

那是我孤独寂静的童年，它们多像一种隐喻铺满人生的旅途。整整一个暑假，我都无处可去，阳光从叶片里寻找方向，直闯进窗子里，到了地面却化成一大片的白，无尽的灰尘就在那暗光里回旋着，仿佛不知疲倦。

年幼的孩子跪在古老的大蓝木箱跟前，头顶着沉重的盖子，里面是几本严谨的书，《张思德》《老子》《孙子兵法》，那是军人父亲从戎的行囊，我无数遍地将书展开，只是想感受文字扑面而来的欣喜。只要是纸，只要有文字，就足以淹没我的空旷寂寥。就这样，我的童年如灰尘一样地不知疲倦。

从小我就知道我是一个如此平凡的孩子，能够收容我的孤独的，也许只有那只沉重的大蓝木箱。我喜欢上学吗？我不知道，但是我喜欢走在上学和放学的路上，因为那条路对于一个孩子来说是如此的悠长。泛着油光的小河，路旁有一间老奶奶家的小屋，山坡上开着无边无际的花，书包不再沉重，我喜欢在路上的感觉。

随着我升入中学，我终于遇上了终生难忘的她。清晨的阳光细碎地洒在她年轻的脸上身上，她引我们走进李煜、李商隐、李清照的世界，我才明白伤感、悲凉、离别、惆怅……这些词原来可以种在这么美的文字里，像花却又非花，如泪却又非泪。那便是我的心吧，静静地扑向这片沉重的大地。

此时，已在高中住校的大姐，有了零花钱的自由，我常常在她的书包里、枕头下翻出我所渴望的“闲书”，有琼瑶、岑凯伦、席慕蓉、汪国真、金庸的作品。我像所有初长成的少年一样，在这些流行书籍里洗礼着自己的快乐与悲伤，而《简·爱》《傲慢与偏见》《巴黎圣母院》《红与黑》这些外国名著则引我走进更深沉的人类情怀。

读书使我觉得成长是一件多么值得期待的事情，它值得我熬过所有漫长的孤独，让我懂得那些未知的岁月存在的价值。假如童年只是一朵在屋檐下悄然开放的紫牵牛的话，那么此时的我已开始变成一根努力向上的藤，尽管力量很微弱，却把目光望向了蓝天。

十八岁的生日，姐姐送我一套《三毛全集》，那个在荒漠里开出灿烂之花的长发女子，用她忧愁却又鲜亮的文字为我点燃了岁月的灯。我知道，以前所有的沉重都终将积淀在心头，绽放出自己的颜色，上天创造了平凡的我，却也创造了独一无二的我。隔着三十年风霜，我触及了她的温暖。

张爱玲的一抹苍凉伴着大上海的月光远去，那一炉又一炉的《沉香屑》的幽香在几十年后绵绵不绝；《不能承受的生命之轻》中昆德拉不相信沉重真的悲惨，轻松真的辉煌，我也一样。《百年孤独》里飓风吹散了羊皮卷里最后一个孤独者，我抬起头，书里书外，好一场人世悲欢。

许多年后，我读到新疆女作家李娟的作品，她说：当我以为世界是籽核时，其实世界是苹果；我以为世界是苹果时，其实世界是苹果树；我以为世界是苹果树，但举目四望——四面八方是无边无际的苹果树的森林……

我总相信，每一本书的出现都出于一场缘分，它们在我生命中每一个应该出现的时候适时地出现，引领我一步步走出那个曾经蜷缩着的自我。因为读书，我相信，每一个生命都值得存在，无论它有多么卑微。

读书，让我重新认识了世界，也重新找回了自我。那个被旧时代所重创的灵魂，那个被平凡字眼压得透不过气来的童年，就在读书的岁月里慢慢地告别了。告别，是我喜欢的姿态，它不是意味着结束，而是意味着开始；孤单，意味着回响，意味着灵魂在寻找着它的栖身之所；寂寥，意味着梦想在唱响着它的自由之歌。

若不是读书，我又怎么能看到森林在我眼前慢慢靠近？若不是读书，我如何能够终于看山是山，看水是水？灰尘永远不知疲倦，目光却打开了崭新的世界。

中年之身，我与孩子一起阅读童话，弥补我那曾经虚空的童年，我们和多萝西一起走进《绿野仙踪》，和尼尔斯一起骑鹅旅行，和彼得·潘在永无岛相遇。有人说，每个人的心中都住着一个孩子，那个孩子始终生活在他的童年里。我想，只有我们重新回到童年，才能找回那个丢失的自己，把仙子的魔粉洒在他的肩上，他才能真正长大。我的童年没有童话，但我却不再责怪谁，我们不能永远像彼得·潘一样生活在永无岛上。

王小波在《黑铁时代》中说：如果我会发光，就不必害怕黑暗，如果我自己是那么美好，那么一切恐惧就可以烟消云散……我是如此热爱这样的句子，当我们执着于生活本身时，疼痛、悲伤、恐惧永远不会消除，只有当我们努力地寻找着那个光明的自己时，黑暗才会像潮水一般自动退却。

读书这条长路，每一天都像是一次新的旅行，每一次旅行，都会遇到那个全新的自己，那个更好的自己。而这一生，因为读书，我不曾与终生相伴却又素未谋面的自己擦肩而过。

读书带给你的并不仅仅是知识本身，还有你看世界的眼光，随着读书的不断深入，我们也会成长为一个新的自己。

身体里的木桶效应

凌　云

一位医生朋友，十分惋惜地跟我们谈起他的一个病人。

他的这位病人，身体一直壮实得像头牛。可是，谁也没有想到，他却突然病倒了，而且，这一病就再也没能站起来。夺去他年轻生命的，是他的肾脏。在他入院的时候，医生给他做了全面的身体检查，除了肾脏，他身体其他的器官，都很健康，没有丝毫的毛病。但就是他这一直不自知的慢性肾脏疾病，终致回天乏术。

医生又跟我们讲了他的另一个病人，一位八十多岁的老太太。老人的腹腔长了一个肿瘤，手术时，医生们惊讶地发现，这个老太太的肝脏、脾、胃等器官，健康得就像五六十岁的人的器官，如果不是腹腔的这个恶性肿瘤，以老太太的健康状况来看，活到百岁一点不成问题。可是，腹腔的这个晚期恶性肿瘤，让老人的生命戛然而止。

医生说，很多时候，让我们生命终结的，并非是身体里的器官都衰竭了，坏死了，而很可能只是某一个器官坏了，病了，不工作了。这个“罢工”的器官，骤然成了一个人的“致命杀手”，从木桶效应来看，这个坏了的器官，就是我们身体里最短的那块木板。

真是醍醐灌顶。

我们的身体，是由无数个器官组成的，我们往往会更在意和精心呵护那些自认为重要的器官，比如大脑、心脏、肺等。它们确实都很重要，事实上，也正是这些重要的器官共同挑起了我们健康躯体的大梁。但是，其他器官就不重要了吗？显然不是，任何一个器官，只要出了问题，轻则影响我们的生存质量，重则夺走我们的生命。

心脏，可谓我们的身体里最重要的一个器官了，人人都希望拥有一颗健康、强大、有力的心脏，为此，我们也愿意花费更多的时间和精力，锤炼它，保护它，关爱它。这当然没错。但如果你拥有了强大的心脏，却没有一个健康的胃，那么再强大的心脏，恐怕也不能拥有一个健康的体魄。同样的道理，肌肉再发达，也弥补不了残缺不全的大脑。

木桶理论告诉我们，生命的长短和质量，并不取决于我们身体的某个器官或某个部位，一块板再长，也不能让我们的生命之桶，盛装更多的水。若想生命长久而鲜活，需要我们所有的器官，都健康、灵光。

我们的身体是这样，我们的人生也是一样。

每个人都有自己的长处和优点，也难免有自己的短板和缺点。一个人能否成功，往往取决于他的长处，有了比别人优秀的强项，就可能胜人一筹，成为某一方面的翘楚。但是，一个人是否优秀，是否完满，却取决于他的短板，短板越少，短板与长板的差距越小，一个人才越有可能臻于人生的佳境。

如果我们不能使自己的长板优于别人，没关系，我们还可以尽量让自己的短板不输于别人，我们的人生之桶，就依然丰盈充实。

看到自身的优点长处很重要，而认识到自己的不足并予以弥补，更难能可贵，更有益于人生。

第三辑　稻草与大树

信念就在你的身旁。也许，它是弱不禁风的稻草，任凭你如何努力，也无法摆脱困境；也许，它是面前的这棵大树，既能让你无畏风雨，又能让你站得更高。

稻草与大树

李兴海

我与你一样，时刻在想，如何向后一辈的人阐述信念的重要性，以及信念为何物。当我在公共场合有意传达这类思想时，旁人经常会讪讪地问我：“信念能吃吗？能填饱肚子吗？”

信念如梦想一般，纯属虚无之物，缥缈至极。没人能说出信念的形貌、体态，或者是年龄。它与我们不仅仅是天涯之隔，甚至可以说，它从始至终就没有在人类历史的长河中显现过。

那么，我何以要推崇并且宣扬它呢？原因很简单，它对所有存活于世间的生物都有着不可言喻的功用。

很多人问过我，信念有什么功用？难不成能把所有的人都变成比尔·盖茨，变成爱因斯坦？当然不能，信念本身需要生命作为载体，而每一个生命所具有的天性都存有细微的差别。因此，不同的人注定会创造不同的历史，取得不同的成就。

很久以前，我曾教过一个调皮又极具文学天赋的孩子。我每日闲暇时必会催促他，让他专心攻于写作。可他不爱遵从我的吩咐，他说："文字是在心中，并非跃于纸上。"可我知道，他仅仅只是懒于动身提笔。

他和很多人一样，而这类人什么年龄段的都有。他们本身心存希冀，尚有鸿鹄大志，却不甘脚踏实地，为此志就地挥汗。于是，时日一长，所见收效甚微，胸中大志便成了小志，最后，全然无志。无志不说，还好提“当年勇”。

大怒之时，我曾骂过他，说他心中毫无半点信念。他如旁人一般问我：“何为信念？你能指给我看吗？”

我领着他，穿过城市的车水马龙，来到秋日的田野上。

弯腰割稻的辛勤劳动者与金黄的果实构成了一幅绝美的画面。我步入田野之中，随手拣起一根稻草，放到他的手里，让他抱住这根稻草，并做一个双脚离地的动作给我看。

他见我异常严肃，便一声不吭地抱住那根如筷子般粗细的稻草，试图双脚离地。可这样的事，终究是不会成功的。最后，他一脸委屈地说：“我做不到。”

路旁，一棵茂盛的大树正迎风招展。我指着壮实的树干对他说：“你抱着它，并做一个双脚离地的动作给我看。”

他欣喜地双手抱树，一跃而起，双脚离地蹬于树干之上，“噌噌”几下爬了上去。然后站在高高的树枝上冲着我笑，像是在炫耀他的技艺。

我问他：“上面的景色美吗？”他对着一望无垠的田野远眺几次后大声地告诉我：“美！美极了！”

我令他下树之后，拍拍他的肩膀道：“你刚才所抱的两种东西，就是我平日所说的信念。”他不解地看着我。

“信念虽是虚无之物，可你却能拥抱，或是依靠着它来行路。只有当某一日你心生绝望，或是豁然开朗时你才会明白，它就在你的身旁。也许，它是刚才那根弱不禁风的稻草，任凭你如何努力，也无法摆脱困境。也许，它就是面前的这棵大树，既能让你无畏风雨，又能让你站得更高。”

刚说完这些话，田野上就刮起了秋风。那些杂乱的稻草再次被席卷得狼狈不堪。不远处，一棵大树正立于狂风中，“哗哗”地朝着空中咆哮。

信念是黑暗中的光，信念让我们在痛苦中找到自我。无论在多么艰难、多么困苦的环境中，只要我们拥有坚定的信念，我们就可以迎难而上。

幸好摩西婆婆没去养鸡

张 觅

少年时特别喜欢三毛，读到《哭泣的骆驼》里的一段：“不久以前，荷西与我在居住的大加那利岛的一个画廊里，看见过一幅油画。那幅画不是什么名家的作品，风格极像美国摩西婆婆的东西。在那幅画上，是一座碧绿的山谷，谷里填满了吃草的牛羊，农家，羊肠小径，喂鸡的老婆婆，还有无数棵开了白花的大树。那一片安详天真的景致，使我在画前久久不忍离去。”于是掩卷，很好奇这个神秘的摩西婆婆的画究竟是什么样子的。

大一时在图书馆看书，无意中翻开一本画册，里面色彩清新却又质朴的画一下子把我吸引住了。那些画仿佛没有使用任何的技巧，却是温馨熨帖，像是梦中的田园，宁静美丽而祥和。看绘画者的名字，惊喜地发现正是摩西婆婆。

渐渐地读到关于摩西婆婆的书，看到她越来越多的作品。去查阅资料，发现原来摩西婆婆是素人画家，美国著名的原始派画家之一。她没有受过任何专业训练，也没有受到过任何名家指导，她拿起画笔也纯粹是偶然。

摩西婆婆本是一名美国传统的乡村妇女，大半生从事的都是农场工作。60多岁时丈夫过世，

70多岁时因为得了关节炎不得不放弃刺绣的工作，于是为了打发时间，她开始画画。从此她拿起画笔，就再也没有放下。在她的画里尽是自己童年时的乡村景色或是住家附近的学校公园，没有任何动机或是名利的成分，就只是画。她笔下所描绘的都是她熟悉的农场生活，这些摩西婆婆怀有深厚感情的景色从她笔下流淌出来，是那样亲切，叫人看着眼睛就不能离开，不经意间就爱上她画中的那个世界。

之后她在住家附近的杂货店展示她的画作。80 岁时，她有了一次正式的画展。此后她的作品开始在美国及欧洲畅销，受到人们的欢迎。摩西婆婆的画作以明快的手法和明亮、大胆的色彩获得了最初的成功。

她的画中所表现的世界跟三毛在书中所描绘的世界一样，有着青碧的田地、有着安静吃草的牛羊，农人们快乐地劳作着，小小的一簇簇的房屋，尖头的栅栏……在她笔下常常流淌出欢乐而真实的农家场面，如农夫抱柴生火、铁匠钉马掌、农家小聚餐等。朴素的画风，呈现的是纽约早年乡村风貌，令人着迷。摩西婆婆颇受欢迎的作品《捉感恩节火鸡》和《槭树园里的熬糖会》都是质朴的乡村画卷。在她 87 岁时出版的自传里，她描述道："把槭树汁熬成糖"，就是与家人们一起从槭树里提取出树汁熬制成糖浆，孩子们再将糖浆倒在雪白的盘子上，然后饱餐一顿。

我始终认为，摩西婆婆的画之所以如此受欢迎，是由于画家对她笔下的田园生活充满感情，那些明快的手法，大胆的色彩，真实的情感，犹如从树上刚刚摘下的果子，还带着新鲜的露珠，散发着清香。没有人会拒绝这样的生活。

这叫人不禁想起屠格涅夫笔下俄罗斯的原野和农村，也是这样质朴清新，充满了生命力。这位俄罗斯作家的作品——《猎人笔记》，更是热情地歌颂了俄罗斯的大地，他毕生热爱着的大地。也许，只有心中有爱才能创造出真正动人的东西，艺术，就是这样复杂而又简单。

后来在摩西婆婆的自传里有这样一句话，也很是动人："我失去了丈夫，我需要找到新的依托。幸运的是我发现了绘画，我记起了这样一个梦想。我很快乐，也很满足。"

1961年12月13日，画家摩西婆婆在纽约的胡西克瀑布逝世，享年101岁。在她生命的最后30年，她创作了105幅作品，令收藏家们惊喜不已。他们说："感谢摩西婆婆当年选择画画打发时间，让我们发现她是多么重要。"而据说摩西婆婆当年本是要选择去养鸡的，感谢这个偶然，让世界多了一名天才的画家，拥有了这么多美好的画。

注入了真情实感的作品往往最能打动人，或许我们并不具备世界名家那般的天赋，但一旦我们注入了情感，创作出的作品同样能够让人为之感动。

我的下厨纪事

朱向青

我不算一个巧妇，平时几乎属于“远庖厨”一族，却也有自己的一道拿手好菜，叫作“红白豆腐”。

这还是在儿子的激将之下才做出来的。饭桌上，儿子常有意无意提起班上某某的母亲，如何如何勤快，言外之意，我这个下班后就一头钻进书房借故不出来的妈妈是如何如何的懒而粗疏。

每逢这时，家里另一个大男人总在一旁居功自傲，似笑非笑。有一天，“不甘受辱”的我从书架上翻到一本《家常菜谱三百例》。大喜之余，我即刻出了厅堂，直奔市场，采得食材，下了厨房。

我的这道菜充分体现了我的懒人哲学：简单而美味、健康，用料白豆腐一块（要买那种特制的盐卤豆腐，比较韧，口感好）、红豆腐一块（即市场上常见的猪血或鸭血、鸡血豆腐）、葱段若干、姜丝一小把、大蒜几瓣，加上适量的酱油、白糖、盐、味精、淀粉。备好上场，为防失手，我是“红宝书”不离身旁，一个步骤一个步骤对照着看。

首先，我按说明把红、白豆腐分别切成一个个一寸见方的小块，等到锅内的水烧开后，倒入其中过水焯一下，捞出控干。炒锅内放油，稍热时放入白豆腐煎至正反面微黄盛出，放在盘子里。炒锅再点火放油，撒入葱姜丝和蒜末，煸炒几下，等香味飘出后赶紧放入焯好的红豆腐。炒几下，再倒入白豆腐。红白豆腐合炒后，下入酱油、白糖、盐、味精和半勺水，快速翻炒，淋上水淀粉勾芡出锅。一盘热乎乎、香喷喷、软糯糯、鲜嫩嫩的红白豆腐就做好了。

这么简单！我暗自得意，把我的胜利果实隆重推出，老妈也闻讯赶来当了评判。几双筷子一齐伸来，三下两下就扫荡而光。我“厨”凭菜“贵”，荣登“入得厨房”之列，终于也当了一回精致的女人！

我乘胜追击，继续研究。这道菜的特点是一个盘里两种豆腐两种味，颜色则红白相间，加以绿色点缀，好吃又好看，经济又健康。豆腐素有“植物肉”之美称，据称两小块豆腐即可满足一个人一天钙的需要量。而动物血则被称为“液体肉”，含铁量较高，容易被人体吸收利用。

红白豆腐的搭配是那么的自然和谐！

红与白的搭配，又是那么的奇妙。我又“研发”出几个养生新系列：红枣和白莲、枸杞和银耳、红豆和薏米，祛湿健脾，养阴润肺……天天钵满盆满熬出红白交杂、色香俱佳之美粥，乐此不疲，俗则合宜，雅则得趣。

世间万物皆有色。由红到白，实际也完成了由年轻到年老，由生到死的轮回，故百姓早有红白喜事之说。婚礼是人生大礼，被称为红喜事，丧礼视为喜丧，又称白喜事。《庄子·至乐》里云：“庄子妻死，惠子吊之，庄子则方箕踞鼓盆而歌。”庄子认为人之生死就跟春夏秋冬四季运行一样，从天地中来，回天地中去。除了颜色不同，本质上都是可喜可贺的，都要红火、热闹。这也许就是民间“红白喜事”的来源吧，红与白的思索，是多么朴素而深刻。

红白交错，伴随你我。无论行走在怎样的路途中，都要让自己学会清闲与劳作同步，懂得为所有忙碌而蓬勃的生命，为这个多彩而熙攘的世界，微笑、驻足。

每一个生命都是从鲜活跳动到宁静祥和。这一路，要珍爱自己、珍惜生活，绽放出自己的华彩。

知识是奋飞的翅膀

美丽人生

鸟如果没有翅膀，就不能飞向蓝天；人如果没有知识，就不能任重道远。对于人来说，知识好比是一双隐形的翅膀，有了它就能像雄鹰一样，搏击命运的长空。

没有知识的人，就像蒿草一样，他的人生注定平庸荒凉；而有知识的人，则像禾稻一般，他的人生收获的是金灿灿的庄稼。

在《西游记》里，孙悟空原本是从一块灵石中蹦出来的猴子，虽有过人的资质，但那时还一无所学，什么也不懂。后来，他漂洋过海，觅得仙山，拜师学艺，终得神通。

什么是知识？简单地说，知识就是本事，泛指一个人所拥有的某种能力，就像故事中的孙悟空。他的神通，如七十二般变化、筋斗云等，就是知识的一种体现。

知识亦是智慧。《三国演义》中的诸葛亮，上知天文，下晓地理，文韬武略，奇门遁甲，神机妙算，近似神人。而他的智慧，皆来自知识，是知识的另一种体现。

人并非生而知，而是学而知之，因此，要获取知识在于学习。一个天资很高但不爱学习的人，就好比是一块璞玉，倘若不经反复打磨，便不能成为贵重的玉器。一个人，只有终日乾乾，学习不止，才能获得丰富的知识，给梦想插上一双有力的翅膀。

知识在于积累。荀子在《劝学》中说：“不积跬步，无以至千里；不积小流，无以成江海。”这启示我们，知识的获得并非是一蹴而就的，而是靠一点一滴的学习和积累。这是一个漫长的过程，若没有锲而不舍的精神，就不能“积学以储宝，酌理以富才”，成为一个学识渊博、才能出众的人。

知识在于创新。昨天的知识到了今天就成了旧的，今天的知识到了明天亦是如此。学如逆水行舟，不进则退，只有勇于创新，才能使自己的知识系统不断升级更新，更好地适应时代的需要。创新并非是完全舍弃旧的知识，而是在继承的基础上创新，汲取原有知识的精粹，促进知识系统的科学发展和进步。

一个人无论梦想多么美好，倘若不借助知识的翅膀，就不能奋飞而起，大有作为，这是一条颠覆不灭的人生真理。

“少壮不努力，老大徒伤悲。”我们应当惜时志学，用知识武装头脑，成为一个有力量的人，如此才能成就自己的梦想。

知识是一个人的翅膀，借助这个翅膀，才能够实现梦想。

打开心灵宝库的钥匙

李红都

一直觉得音乐和文学是打开心灵宝库的两把钥匙，其中，音乐应该排在第一位。因为音乐之美无法言传，那是一种能渗透我们心灵深处，令人荡气回肠，并会影响我们一生的美……

很幸运，我出生在一个音乐气氛浓厚的家庭。在我最早的记忆里，留存的便是母亲哼着歌曲伴我入眠的影像。

当了一辈子小学音乐老师的母亲，喜欢唱红歌。小时候，家里那台老式半导体收音机经常锁定在播放红歌的频道，每当红歌响起，母亲就抱着我，轻声地跟着哼唱起来，“美丽的草原我的家，风吹绿草遍地花。彩蝶纷飞百鸟儿唱，一弯碧水映晚霞……”“今天是你的生日，我的中国，清晨我放飞一群白鸽，为你衔来一枚橄榄叶……”童年时依偎在母亲身边听红歌的情景，就像一帧帧清晰的老照片，时不时地浮现在我的脑际。

记得当时，母亲最喜欢唱的有两首歌：《南泥湾》和《我的祖国》，悠扬动听的女中音，带给我的不仅仅是音乐的美妙，更有一种充满阳光的艺术氛围和积极向上的精神力量，就像一粒粒太阳花的种子，播撒在我心灵的土壤上。

“……往年的南泥湾，处处呀是荒山，没呀人烟；如今的南泥湾，与往年不一般，不一呀般；如今的南泥湾，与往年不一般，再不是旧模样，是陕北的好江南……”“一条大河，波浪宽，风吹稻花香两岸，我家就在岸上住，听惯了艄公的号子，看惯了船上的白帆……”可以说，我最初受到的爱国主义教育，都是来自母亲常唱的那些悠扬动听的红歌。

受母亲影响，我和两位哥哥也非常喜欢唱歌，大哥当年就是凭着娴熟的手风琴独奏和歌唱的特长，敲开了部队文工团的门，当上了一名文艺兵。而我在小学时期，一直是班里的音乐委员。

“军港的夜啊，静悄悄，海浪把战舰轻轻地摇，年轻的水兵，头枕着波涛，睡梦中露出甜美的微笑……”我至今仍能忆起当年跟着父母去部队观看“欢迎新兵文艺汇演”时，大哥身穿军装和战友们精神抖擞、放声歌唱的情景，觉得这样的生活真是幸福。

后来，一场意外事故，让我耳边的音乐戛然而止，痛苦和迷茫中，那些沉淀在心底的励志红歌又悄然涌上脑海——“没有吃，没有穿，自有那敌人送上前；没有枪，没有炮，敌人给我们造……”“想一想红米饭和南瓜汤，吃什么都觉得香又甜；想一想爬雪山过草地，没有闯不过的艰和险……”这些质朴却极富感染力的红歌所体现出的那种“乐观向上、坚强不屈”的精神，让我觉得自己愁眉紧锁地抱怨不幸，是何等矫揉造作的事。红军战士为了保卫祖国吃了多少苦，甚至不惜献出生命，却仍然活得那么乐观。跟他们相比，我和耳疾做斗争的苦，实在算不了什么。

这么一想，心胸也变得开阔起来，开阔起来

的胸怀，帮我腾出空间去关注并深入学习音乐之外的领域。渐渐地，我学会了用文字去剖析生命的含义，理解幸福的真谛，并因此找到了打开心灵宝库的第二把钥匙——文学。

许多年后，我凭着文学创作的特长，当上了企业的一名宣传员，开始用文字谱写职工爱岗敬业的乐曲，宣传职工的真诚善良以及他们热爱生活的美……而这一切艺术创作的源泉，都始于我成长中感受到的红歌“讴歌英雄模范、褒扬真善美”的正面力量。

岁月悠悠，多少往事如烟云散去，但我脑海里仍留存着很多耳熟能详的红色歌曲。每当我感到意志消沉的时候，总喜欢哼几首红歌，继续在那富于励志和醇美的艺术熏陶中，感受奋斗的可贵和生命的壮美。

音乐，是陶冶性情的熔炉，是生活中的一股清流。音乐陪伴成长的那份美好，永远镶嵌在心灵深处。

书卷里的景致

顾晓蕊

村里有一位女孩，家境贫寒，只念到初中，就跟父亲提出要辍学。起因是，有的同龄人到城里打工，回来讲起的外面的世界让她深受触动。有位叫琴的发小衣着新潮，她说：“我要趁着年轻多挣些钱，过上和城里人一样的生活。”琴在一家饭店当服务员，每个月能挣近两千元。

她睁大了眼睛，几乎不敢相信自己的耳朵，要知道琴两个月的收入，相当于父母半年的操劳。她心里便起了波澜，对在村小学当老师的父亲说：“我要去城里打工。”

父亲一脸怒气地盯着她，厉声说：“不准去，好好读书！”

她委屈地小声咕哝：“可是，读书有什么用？难道像你一样一辈子都在这里？”

父亲一脸严肃地说：“读书能使人活得更有尊严！尽管你现在还难以理解，可总有一天，你会明白它的意义。”

这话听起来很深奥，她似懂非懂，却不再提退学的事。后来她发奋读书，考取了一所重点大学。可出乎所有人意料的是，她大学毕业之后，放弃了在城市工作的机会，选择到更为偏远的山村支教。

她到山村学校报到的那天，师生们在校门口迎接，让她啼笑皆非的是，这所学校只有两位老师和五位学生。原来，村里的孩子大都早早辍学，要么出去打工，要么在田间务农。

她挨家挨户地走访、劝说，让那些失学的孩子回到校园，沉寂已久的学校又重新热闹起来。

学生们喜欢上她的课，她领着他们诵读唐诗宋词，原本生涩的句子，经她一说充满诗情画意。在他们看来，这位步履轻盈、笑语朗朗的女教师，举手投足间都透着优雅的气质。

乡间的生活是清苦的，起初，她经常闹肚子，身上起些小红疹。她忍着身体的不适，坚持给学生上课，脸上仍挂着淡淡的笑。有的家长知道后有些担忧，老师都走了好几个了，她估计也待不长。

她发现书桌的抽屉里，经常有学生悄悄送上

的礼物，一把花生，一捧炒豆……或者是采来的一大束山花，插在瓶中，摆在桌上。这些充满爱心的礼物，更坚定了她的信念，她要继续留在这里，看着他们像鸟儿一样飞出山林。

山里的夜晚是寂静的，实在寂寞的时候，她便会对着山林唱歌。

可不久后她又发现，学生们会找各种理由，晚上轮流留下来陪她。他们说："你一个人住，太冷清了，我们陪你说说话。"

在这个偏僻的小山村，她一待就是六年，看着一批又一批的学生走出了深山。

有一天，她收到了一位学生的信。信中写道：我多想摘一朵云，别在您的发间。在我心中，您总是那么美。因为您，我喜欢上读书，书卷里，有着别样的景致。

在洒满阳光的午后，泡一杯茶，捧一卷书，

她又开始享受阅读。

即使一杯清茶，也能品出禅意。同样一段人生，也能活出自我。这，就是读书的意义。

读书带给我们不一样的世界。在严寒里，它像一股涓涓暖流，直抵内心深处。

闲读书与读闲书

守望苍天

我平时最大的嗜好就是读书了。我曾和朋友戏言，“饭可一日不吃，书不可一日不读”。我是读书成了瘾，不亦乐乎。若问我读书有什么诀窍，一言以蔽之，那就是闲读书与读闲书。

闲读书是指平时闲着没事儿或是忙里偷闲，只要一有可利用的空闲就绝不放过，挤出时间读书。有些人总抱怨说没时间读书，把忙字挂在嘴边，也不知道整天在忙什么。其实，只要肯读书，时间就像海绵里的水，挤一挤，总还是有的。

譬如说，在繁忙紧张的工作中，总会有一些间歇时间，这时大伙儿坐下来休息，或是喝茶，或是吸烟，或是聊天。我则坐在一旁，把要读的书拿出来，闹中取静，专心看书，不被外界干扰，心如止水。虽然每次间歇时间很短，但是在有限的时间里会有看一页得一页的收获，日积月累，很多书就这样被我读完了。

下了班回到家，吃过晚饭，没啥事儿了，家里人或是看电视，或是做家务。我则利用休息时间抓紧读书，或坐或卧，也不管什么姿势，随意就好。读书读得实在累了，就索性躺在床上，枕着书美美地睡上一觉，感觉妙不可言。久而久之，读书成了我缓解工作压力和疲惫的一种生活习惯。

有时出远门，我也不忘随身带上一本书，在候车室里找个座位，一边看书，一边等车，直到列车进站。上了车，我会继续看书，一路上有书为伴，旅途不再寂寞。

所以，不要轻视这些琐碎的微不足道的空闲时间，让它白白地浪费掉。如果把它们一分一秒地充分利用起来，足够让一个人读好多好多的书，甚至帮他完成某项学业。我就是这样闲读书的，并且受益匪浅。

那么，读闲书又是怎么一回事儿呢？就是鲁迅先生说的，“看看本分以外的书……即使和本业毫不相干的，也要泛览。譬如学理科的，偏看看文学书，学文学的，偏看看科学书。看看别个在那里研究的，究竟是怎么一回事。这样子，对于别人，别事，可以有更深的了解”。

那么，读闲书有什么好处呢？它能使自己博

学广才，就像蜜蜂那样，只有采得百花才能酿出好蜜。如果只专一门，不及其余，就像小孩搭积木，到了一定的层次，肯定就再也上不去了。

鲁迅先生就擅于读闲书，经常随便翻翻，无论是诗稿、史书、小说，还是佛学、金石学等，他都翻过，所以才开阔了视野，丰富了知识，给他一生的著述带来了巨大的好处。

读闲书与读本门专业的书的最大区别在于，前者可以根据自己的性情和兴趣有选择地读，所以不觉得枯燥乏味，在阅读中获得快感。而后者往往是为了应试，求取文凭，所以不论你喜欢与否，都是必须要读的，这样的读书就比较机械、生硬。

我是喜欢读闲书的。我学的是行政管理专业，除阅读行政管理相关的书之外，我读《易经》《孙子兵法》，也读哲学、历史、经济学、逻辑学、美学等类的书。但我更喜欢读文学书，如《毛泽东诗词》《鲁迅全集》等，尤其喜爱中国古典文学，如《菜根谭》、《世说新语》、《吕氏春秋》、四书、四大名著、唐诗、宋词等。当然，我还涉猎一些外国名著，像《简·爱》《巴黎圣母院》《茶花女》《时间简史》等。

通过读闲书，我觉得自己变得聪明了，“书生不出门，便知天下事”，我好像变了一个人，不再孤陋寡闻了。读闲书对我的写作很有帮助，正如古人说的“读书破万卷，下笔如有神”。多年来，我发表了大量的作品，还出版了一本散文集。总之，我之所以有今天的成绩，得益于闲读书与读闲书。

腹有诗书气自华，读书就像跟一位智慧的老者亲切交谈。

不能选择的生死离散

宋宇宁

周日去街上闲逛，周围到处都是人流与车流，于是一个人慌慌张张地拐进街角的一家书吧里躲清闲。杨绛先生的那本散文集《我们仨》就那样猝不及防地跃入眼帘，土黄色的布纹纸的封面，看上去拙朴大方暖心。

第一部《我们俩老了》，其实只有寥寥数语，却拿出来单独成章，可见“老”是一种很重要的心态描写，是一种状态，也是一种无可奈何的选择。生活在世间，每个人都要面临苍老的考验，面临生死的选择，在老和死的面前，人类是多么渺小和无能为力。

第二部《我们仨失散了》，以梦境般游离的笔法，叙述了古驿道上的行走，相聚和失散更具有意识流的形态。所谓的失散，其实是生死两岸的守望，生与死，这人世间最沉重的话题，却被杨绛先生描述得轻灵、剔透、诗意。深一脚浅一脚地走在人生的路上，见一面道一声再见，再见一面又道一声再见，陪他们走得越远，越怕从此再也不见。丈夫与女儿，一个是她精神上的支柱，另一个是她生活上的支柱，最终都先于她而去。她眼睁睁地看着生命中最重要的两个人渐去渐远，却无能为力，他们仨最终在人生的路上失散了。

第三部《我一个人思念我们仨》，笔调回归现实，温暖平实地回望来时的路，记述“我们仨”生活在一起时的情景，种种琐事，种种快乐，种种温暖，种种磨难，事无巨细，一一道来。

钱锺书与杨绛，这一对知识分子的典型代表，生逢乱世，又经历了“文革”，却仍能各自保持一颗淡定从容的心。与世无争，隐于闹市，躲在书斋看书、写文章、做学问。这两个“书呆子”堪称绝配，同样不看重物质生活，同样注重精神生活。两个人最快乐的时光就是在图书馆里看看不花钱的书，每天黄昏时分一起出去散散步。他们对生活的要求很低，不会煮精致可口的饭菜，就到外面去吃，偶尔自己煮饭也是把一大堆的食材放到一个锅里，唯求煮熟能吃就行。

在杨绛先生的笔下，钱锺书是笨拙的，不会系鞋带，不会划火柴，东西坏了不会修，这种笨拙在杨绛的眼里看来是可爱的。而女儿钱瑗在她的眼里无疑是完美的。一个母亲看自己孩子，特别是一个早逝的女儿，心中除了爱还有怜惜和心碎。女儿懂事早熟，家中的大事小事都要这个女儿拿主意，所以女儿更像是妈妈的妈妈，更像是爸爸的兄弟。可惜天不佑人，钱瑗不到60岁就生了一场大病，病中，她一直保持诙谐幽默的姿态，她给父母写信，给父亲画像，自己躺在病床上，却在安排父母的生活……

人生种种，若说有缘相聚，可能会有很多人不屑，所谓“缘”字，实在太缥缈。可是若不是这个“缘”字，三个人怎么就走到了一起？抱团取暖，互相安慰，互相支撑，互相依靠，血肉相连。

初看这本书，以我的年纪，对于生与死的理解实在很肤浅，只停留在表层，只停留在那个字眼上，并不能更深刻地理解。可是一读再读，我仍然被打动，那份对生的依恋，那份超越生死的情怀，着实让人敬佩。

这是一本情感浓烈但语调却相当平实温和的书，文字没有华而不实，而是洗尽铅华，于平实中含芳吐秀。所有的情感都藏在平实的句子里，但掰碎咀嚼，却给人以深深的疼惜和震撼。点点滴滴，在温暖的背后，都是血和泪。

读一本好书，就好像亲近作者与他对话，从而感悟生命的意义，自己也会变得丰厚起来。

花一样的灯盏

若　荷

轻盈地走上一个山坡，山坡不高，能在上面跳跃。我们边走边唱，一朵花就在眼前意外地一亮。那花叫步步登高，红红的颜色，像太阳一样，迎着你的目光，一副欢愉的模样。走进山野，总能看到一朵朵红红的花寂寞地开放，让波澜不惊的目光闪出别样的光芒。

秋已深，冬将来临，田野里的花儿都已凋谢，只有苍老衰败的枝条奉献出饱满的果实或者种子。那果实就像一颗颗五颜六色的珍珠，种子则像生命摇动的精灵那样，随时都可能投身风中不知去向。我曾为它们担忧，担忧它们会在山风中零落，被一阵又一阵的风带走；担心它们在播种的季节找不到一个停靠的地方。

只是这田野里的花，只对着山野妩媚、歌唱，少了些亲近人类的机会，少了些爱美者的赞赏。不过也不要紧，它们正好有机会开得恣意，开得泼实，可以不担心外形的完美与丑俊。无人欣赏的花，正好安静地生长。它们是一群一起来又一起走的孩子，淘气且粗粗拉拉，大大咧咧，或直立而起，或匍匐在地上，从从容容，超脱于凡俗之上，不以物喜，不以己悲。

放眼山谷，悠然于蓝天白云下的山坡上、乱石中的，除了太阳花样的野菊便就是它了。只是它的花，开得比夏天单薄了些，低浅地开着，花盘若拇指般大小。它们不聚众，开得零零落落，泼辣而又陌生地与你擦肩而过，近在咫尺，却又远远躲避着你那惊讶的目光。

起初我没认出它是什么花来。它的花，在万叶苍黄的土地上太过醒目，使我误以为它们并不是山野里的一丛普通的植物，能够经风吹，经霜打，经得起势不可挡的寒流。谁曾想它就是一株普通的花，毫无规律地在这秋深冬浅的季节开放。然而就像山里的菊花那样，你对山菊花有着怎样的赞美，就可以对步步登高花有着怎样的褒奖。

听朋友说，步步登高花并不是纯粹的野生花，而是一种需要人工种植的植物。它们大都生活在城市和村庄中。或许，原本它们就生长在一个安静的庭院里，是风在它们开花结籽后，将它们的种子带向了山野，使其在那里安家落户，生根开花。沿着通向村里的田径小路窈窕而去，夏天的村庄里总会盛开着一些花，其中就有步步登高花。

很小的时候就认识这种花。当年一位要好的玩伴，她的母亲喜欢花，每当春天来临，便要在小院里沿着低矮的窗户，种下整齐的一排。植株长起来，花盘搭在窗下，高而修长的腰身，举目望去，简直就是一道色彩变幻的篱笆。这种来自热带的花卉，开放起来也是这么奔放，这么热烈。

年轻的语文教师兼音乐老师喜欢它。那年他的妻子怀孕了，不久为他生下一个漂亮的女儿。他高兴地指挥我们唱歌识字，用一根尺把长的教鞭打拍子，在黑板上敲敲点点，一节课点击音符，一节课点击汉字。我听见他和他的同事们说："生活就像花一样美好。"同事说："那得看什么花。"他回答："步步登高。"他的话，总能引来一些欢愉和开怀。

这种花还有一个名字叫"百日菊"，不知是否取其"一旦长成，百日有花"的意思。它的花有单瓣、重瓣、卷叶、皱叶和各种不同的颜色。它是原产于美洲的热带菊科植物，因其花期长、花朵硕大而被广泛栽种，现已成为园林之中常见的夏季草花。书上说，百日菊喜温暖，不耐寒。在这萧瑟的秋天，它的叶花也开始苍老，没有夏日的水灵。然而，风雨中的它们却仍然能开得安静如诗，惹人爱怜。

许多年前，我居住的大院里也曾种过百日菊。那是一个不为私人所有的院落，成簇成片的花盘在阳光下昂扬着，花朵艳丽，非常别致。母亲说，这种花可以做成干花装饰在衣帽上，或许非常漂亮。我听后跃跃欲试。点缀在衣帽上的干花可算是生命的再生呢。那略有些陈旧的颜色，只要注意保持环境干燥，历经数年也不会褪色。记得一位作家在一篇满怀深情的文章里写过，她之所以对一位匆匆而过的妇人在多年后仍记忆犹新，就是因为抬头看到她的第一眼，发现她头上戴着的草帽的边沿上，插有一束鲜活美丽的小雏菊。黄色的几枝，典雅而富有贵气。这段文字也让我记忆犹新，十几年了一直到现在还默念不忘，只因它是一束干花，又因它有我童年记忆中“菊”的模样，尽管不是我所见过的这种百日菊。

母亲也喜欢叫它“步步登高花”，说这花名寓意好。我长大进城参加工作时，母亲一针一线帮我缝好被褥，帮我拿上所需的用品，挥手就把我赶进了一个遥远的城市。她说年轻就得多摔打摔打，花季之年的锤炼有颇多好处。母亲所指的“颇多的好处”就是像步步登高花那样，身体结实，日子过得扎实，且有好的前程。这里所说的“步步登高”不是花也不是职位，而是人生的幸福与欢乐，安稳与平静，经得住岁月的漂洗。不是花，却胜似花。收获的不是权力和财富，而是情感和友谊，是生命的优雅与精致。

如今人到中年的我，仍能对生活感到满足。无论是生活条件也好，工作也罢，我从没让自己陷入窘困。我真的像母亲所期望的那样，人生的每一步都能行走得踏踏实实。

步步登高是一种极其普通的花，它夏秋开花，深秋就凋谢了，就像田野里许许多多的小草花一样。它不碧绿，也就没有青翠欲滴之感。它只是株杆修长，不蔓不枝。它的身体一节节往上生长，每生长出一节，就有两瓣叶子披着一层柔软的绿绒对生出来。它只是花朵大，像小孩子的手掌。花儿高举，鲜艳夺目，笔直挺拔，像一盏灯亮人眼眸，仿佛在对我们说：在任何时候都不要放弃，无论对他人还是对自己。

每个人都是宇宙天地间渺小的存在，但万物有灵，尽管生长得普通，也能踏踏实实地过好属于自己的璀璨人生。

心灵的横梁

马朝兰

春游前夕，我将班里这 56 名不到十六岁的学生分成了 28 组。我告诉他们，这次外出春游，只能有 28 人跟队而行，剩下的一半，必须安安静静地待在教室里自习。

教室里顿时一片哗然。他们觉得我的安排严重不公，因为不论是谁，都不可能主动放弃这次机会，自甘待在闷热乏味的教室里。

他们无力更改我的决定。于是，这 28 组学生里，每组将有一人免费外出游玩，感受自然风光；而另外一人，则继续日日重复的校园生活。

他们决定用沉默来抵抗我的不公，想用这种非暴力的手段迫使我就范。时间在一分一秒地流逝，我们陷入了解不开的僵局。

三十分钟后，台下开始窃窃私语。我在讲台上严肃地说：“我绝不可能改变主意，但你们之间是同学，拥有友谊，不管我把你们 56 人分成了几组，带走了几人，你们的情谊仍旧不会改变，对于你们的朋友，你们真就如此吝啬？连一次小小的机会都不肯让给他？”

这番话，再度使他们陷入沉默。在他们未得出结果之前，我转身离开了教室。我知道，这 28 组学生，明天将会给我一个答案。

清早，旅行社的大巴开进了校园，阳光洒在洁白的车身上，有一种诱人的美。班长将最后的名单递给了我，不多不少，整整28人。

我惊奇地发现，这份名单的成员，竟是如此特别。他们做了一次令我肃然起敬的谦让行为——家庭经济条件好的学生将这次机会让给了家庭拮据的学生，学习成绩比较好的学生将这次机会让给了学习成绩略差的学生，强者让给了弱者，男生让给了女生。

名单上有多处涂改的痕迹，不难看出，他们经过了多次的讨论。临行前，我要求外出游玩的同学主动握一握那位把机会让给自己、甘愿留在教室里的同学的手。于是，感人的一幕出现了，56只青涩的手，紧紧握在了一起。他们相互寒暄，微笑叮咛，没有半点的烟火气息。

旅行的途中，我给了他们一个小小的建议：

写一篇简单的游记，送给各自组里的另外一个人，让他们也充分感受到你的快乐。

回校之后，没有一人欠交游记。不管是多么顽皮的孩子，他们都极其认真地完成了这次作业。甚至有的人，还在游记的背后附上了一幅鲜艳的彩笔画。

当他们把游记主动送给那位留在教室里的同学时，春末的阳光，忽然灿烂起来。我让他们再次握手，感谢那位胸怀宽广的同学，让你有了一段开心的旅程。他们的右手，紧紧交织在一起。没有谁因错失了这样的良机而沮丧，也没有谁后悔当初的选择。

其实，我所要教给他们的，并不是一次短途旅行中的见闻，而是让他们在如此不公的条件下学会冷静、学会商量、学会谦让、学会大度、学会感恩、学会补偿。让他们在充满荆棘的人生路上，找到那根调适心灵的横梁。

当面对不公平的条件时，大度的谦让反而会让局面变得和缓，并且能够从中学会更多的人生哲理。

分钱实验

侯拥华

诺贝尔经济学奖得主史密斯曾设计了一个著名的“分钱实验”：A 和 B 两个人共同来分 100 元钱，分的方法由 A 来决定，而分法是否通过则由 B 来决定。如果 A 的分法 B 能接受，那么各自拿钱走人；如果 A 的分法 B 不能接受，则两人一分钱都得不到。那么 A 选择什么样的分配方案，会使双方很快达成交易呢？

仔细思考，这个实验挺有趣的，答案应该多种多样，让人有足够的想象空间。其实，A会有很多种分法，按照极限思维思考，A可以给自己分99元而给B只分1元，A得到的好处最多，但B肯定不答应。反过来分，给B分99元，A只留1元，B肯定欣然答应，但从A的角度出发，这种分法可能性极小。此外，A还可以选择给自己分98元，给B分2元。如果B不同意的话，A还可以和B商量，给自己分97元，给B分3元……

有人会认为，主动权在A手里，A完全可以让自己获取更多的利益。也会有人认为，B拥有足够的牵制权，完全可以反败为胜，夺取更大的利益。

实验中，真正的博弈，其实不是人的智慧，

而是人性。最终实验的结果表明：如果 A 根据利益最大化原则来分——自己分 99 元，给 B 分 1 元钱，结果肯定是一拍两散，最终谁也得不到一分钱。如果 B 也考虑自己利益最大化——A 分 1 元，而自己分 99 元，结果一样得不到一分钱。反而常常是那些三七开、四六开或五五分成等分配方案，更容易促使 A 和 B 达成交易。

有一个公司的老板对待手下的业务员总喜欢设重奖。每当业务员赚取 5000 元时，他只从中提取五分之一——1000 元，而让员工拿走五分之四——4000 元。这样奖励的结果是业务员为此很感激他，工作积极性高涨，一个个如“拼命三郎”。

后来，有人对老板的这种做法不理解，说：“你怎么这么傻呀，你是老板，完全可以提取五分之四，为什么只给自己留五分之一呀？”

老板笑了笑，这样给他解释：“我现在有 100 名员工，每人提取 1000 元，一个月就是 10 万元，而员工每人仅仅只是 4000 元。重要的不是这些，而是我的重奖模式可以促使我的员工队伍快速扩展，最终受益最多的还是我自己。如果我多拿些，也是无可厚非的，但员工的工作积极性势必会下降。公司的发展速度减慢了，规模自然会受到影响，可能会一直维持在 20 人左右，人才流动性也会加大，用在员工培训和内耗的成本将会难以估算。这时候，就算我从每个员工手里拿到 4000 元，最终的收入也不过是 8 万元，如果再减去我刚才所说的这些成本，实际到手的则会更少，而且我管理起来会非常累。更为危险的是，因为收入水平低，成长起来的人才留不住，而优秀的人才又进不来，公司最终会逐渐萎缩，到时候，烂摊子只有我自己去收拾了。”

原来，善待员工，其实就是善待老板自己。长此以往，可以赢得他人的认同、尊重与信任。

把“钱”多分些给别人，对于我们来说，损失的不过是一部分很小的利益，赢取的却是别人的信任与支持，然而后者要比前者重要、珍贵得多。把“钱”多分些给别人，首先战胜的不是别人，而是我们自己内心的私欲，表现出的也不仅仅是一个惠及他人的美德，更是一种立身处世、成就大业的大智慧。

善待别人，就是善待自己，善于跟别人分享财富，既是生财之道，也是做人之道。